普通高等教育"十一五"国家级规划教材
新世纪高等学校俄语专业本科生系列教材

中俄合作委员会教育合作分委员会项目
总主编　吴克礼

教师用书
俄语视听说教程 ①

Аудиовизуальный курс по русскому языку

主　编　邵楠希
编　者　邵楠希　Р.А. Луца

上海外语教育出版社
SHANGHAI FOREIGN LANGUAGE EDUCATION PRESS

图书在版编目（ＣＩＰ）数据

俄语视听说教程1 教师用书 / 邵楠希主编. -- 上海：
上海外语教育出版社, 2023
新世纪高等学校俄语专业本科生系列教材
ISBN 978-7-5446-7578-9

Ⅰ.①俄…　Ⅱ.①邵…　Ⅲ.①俄语－听说教学－高等
学校－教学参考资料　Ⅳ.①H359.9

中国国家版本馆CIP数据核字（2023）第038404号

出版发行：上海外语教育出版社
　　　　　（上海外国语大学内）　邮编：200083
电　　话：021-65425300（总机）
电子邮箱：bookinfo@sflep.com.cn
网　　址：http://www.sflep.com
责任编辑：龙歆韵

印　　刷：常熟高专印刷有限公司
开　　本：787×1092　1/16　印张 10.5　字数 246千字
版　　次：2023 年 5月第 2版　　2023 年 5月第 1次印刷

书　　号：ISBN 978-7-5446-7578-9
定　　价：42.00 元

本版图书如有印装质量问题,可向本社调换
质量服务热线：4008-213-263

总序

当今世界正经历百年未有之大变局。面向未来，提高人才培养的质量是我国迈向社会主义现代化强国的迫切任务。党的二十大提出了深入实施"科教兴国"战略，强化现代化建设人才支撑，并将"培养德才兼备的高素质人才"作为实施该战略的目标之一。人才培养的质量在很大程度上取决于教材，外语专业教材在建设具有中国特色的世界一流大学中发挥着积极的作用。学好外语有助于讲好中国故事，传播好中国声音，提升国际传播效能，推动中华文化更好地走向世界。

新时代背景下，为推进文化自信自强，铸就社会主义文化新辉煌，进一步加强国际传播能力建设，形成同我国综合国力和国际地位相匹配的国际话语权，党和国家对外语教育、外语人才的培养提出了新的要求。习近平总书记在党的二十大报告中真诚呼吁"尊重世界文明多样性，以文明交流超越文明隔阂、文明互鉴超越文明冲突、文明共存超越文明优越"。世界各国人民的相互了解基于不同语言的转换，只有在高校外语教学中加大、夯实、深化对外国语言从结构到认知、从习俗到经典的全方位理解，才能使学生系统全面地了解世界文明的多样性，超越隔阂做到真正的文明互鉴。

为了落实好党的二十大精神，加快构建新发展格局，着力推动高校外语教育高质量的发展，上海外语教育出版社罗致我国外语界的精英编写"新世纪高等学校外语专业本科生系列教材"，这对于促进高校外语课程改革、国际化人才培养，以及推动我国外语教育事业进一步向前发展至关重要。

"新世纪高等学校外语专业本科生系列教材"涵盖了除英语以外的日语、俄语、法语、德语、西班牙语、韩国语、葡萄牙语、意大利语以及阿拉伯语等十余个语种。系列外语教材的编写要全面、深入地贯彻党的二十大精神，在语料、内容的选择上坚持立德树人、培根铸魂的根本任务，秉持"回应新时代，适应新要求，服务国家发展战略，培养知中国、爱中国、兼具家国情怀与国际视野的青年人才，引导青年学子成为堪当民族复兴重任的'复兴栋梁、强国先锋'"的指导原则，立足文化自信自强，引领高等外语教育高质量发展。本套《新世纪高等学校俄语专业本科生系列教材》的编写必须有新的理念、新的指导思想。新教材的指导思想是教材成败的关键。

系列外语教材的编写要劳师动众，精益求精，但又不可能一劳永逸。教材的生命力主要取决于质量。质量不佳者，问世不久便夭折，从此在课堂上销声匿迹；质量良好者，可能会寿终正寝；质量即使属于上乘者，也不可能长命百岁。教材经过一段时间的使用，须小修一次，时间长了，须大修一次。因为外语教材的内容（其语言及课文所反映的时代特征和价值观念）往往跟不上时代的发展变化和知识创新的速度。在当今信息爆炸的时代这种现象尤其突出。所以，外语教材必须与时俱进，随着时间的推移要反复修订，根据新的形式、新的情况和新的要求编出新意来。

凡事预则立。本套《新世纪高等学校俄语专业本科生系列教材》在开编之前，出版社先对目前通用的各种俄语教材进行了一次充分而详尽的调查，然后邀请我国各高校俄语专业的负责人、教学第一线的教师和资深教授为编写之事出谋划策，并充分地讨论了系列教材的编写原则和指导思想。

本套系列教材的指导思想和基本理念是博采国外外语教学各流派之长，集我国高校俄语教育半个多世纪来的经验之大成。两者的有机结合，既可借鉴国外先进的外语教育思想和方法，又能传承和弘扬本国的俄语教育的优秀传统。本套系列教材走的是综合各家之长为我所用的路子，并配以现代化的教学手段，还充分考虑到我国俄语教育的现状和我国俄语专业学生目前的实际接受能力。教材的编排和体例也都有所突破。系列教材的各种教科书在这方面都尽量根据各自的结构、内容的特点与使用者的方便进行了编排。体例突出重点，编排尽量醒目。值得一提的是，本套系列教材的部分教科书配有教师手册。教师手册不仅提供练习答案，还包含指导性的备课提纲、参考书目，以及该教科书在理论和实践上从深度和广度方面拓展的内容。这样可让教师根据学生水平的不同作灵活处理。

令人欣喜的是，本套系列教材已列入中俄合作委员会教育合作分委员会项目，教材的俄语部分均请俄罗斯专家审读，以保证俄语使用的标准化和科学性。

有党的二十大精神的指引，有新的指导思想和编写理念，有"豪华的"编者阵容，有现代化的教学手段等新意，期盼这些新意能够充分体现在《新世纪高等学校俄语专业本科生系列教材》中，期盼新教材能为广大使用者所接受、所肯定。同时，对于新教材中难免存在的不足之处，热切希望使用者予以批评指正。

吴克礼

前言

  党的二十大关于"科教兴国"的论述为外语专业建设提出了新的要求，高等外语教育承担着加强人才培养与国际交流、服务国家战略与文化传播的历史使命。作为外语教育的基础环节，教材建设已进入高质量发展的新阶段。本教材以习近平新时代中国特色社会主义思想为指导，以贯彻立德树人根本任务为原则，致力于将《俄语视听说教程》打造成具有新时代特色的高质量俄语专业教材。

  《高等学校俄语专业教学大纲》规定了学生需要掌握的听、说、读、写、译五项基本技能。其中，"听"和"说"既是俄语学习中最为重要的两项技能，也是具有内在联系的综合性认知活动。因此，本教材坚持"听说为主，实用为度"的编写原则，对"听""说"课程给予充分的重视。

  本套《俄语视听说教程》包含视听说文本和配套音视频，选择和日常生活紧密相连的内容为教学素材，采用了真实的俄罗斯交际场景，口语对话紧扣主题且内容丰富，课后练习逻辑紧密且更趋专业化。为激发学生的学习兴趣，本教材借鉴了视频课程设计理念，并对语言素材做了适当的扩展。采用现代俄罗斯社会生活中十分常用的词语和寓教于乐的教学方式，把专业教育的内容渗透到娱乐互动的形式中。在实景拍摄的情境交际里，形成准确的俄语听力和标准的俄语发音，以体现教材的实用性和时代感，满足中俄两国之间政治互信、经贸合作和民间交往的实际需求。

一、课程性质与适用对象

  俄语视听说课既是俄语专业必修核心课程，也是为本专业学生量身定做的一门极具实用性的实践课程，其适用对象包括：

  1. 外语专业院校及普通高等学校俄语专业本科学生；

  2. 攻读俄语第二学位，或将俄语作为第二外语选修的学生；

  3. 职业院校或社会俄语培训班的学生等。

二、教材结构

  全套教材共分为四册，每册包括学生用书和教师用书。

一、二册为低年级教学用书，以现代俄罗斯生活用语为主，为零起点学生奠定俄语视听说的良好基础。三、四册为高年级教学用书，适量选用了不同专业方向的素材，有助于今后从事不同职业的学生进行俄语资料阅读和俄语专业术语应用。

本册教材共分为 8 课，按 32 学时教学要求设计，教师可根据不同的教学情况或教学任务，适当调整课时安排。教材本着循序渐进、由浅入深、由易到难的原则，强化教材内容和教学环节之间的内在联系，旨在提高学生的词汇量和知识储备，并达到运用俄语自由表达思想的视、听、说理想境界。

三、编写理念

1. 秉持二十大"尊重世界文明多样性"的精神，以情境交际作为视听说课程的认知基础，强化以交际为目的的教学宗旨，促进文明交流、文明互鉴和文明共存，体现综合语言能力与专项语言技能相结合的视听说体验认知教学模式。

2. 贯彻贴近俄罗斯现实生活的指导思想，弘扬全人类共同价值观，选择富有交互性、应用性的语言素材，注重运用模仿、记忆、理解的外语习得规律，体现在情境互动中学习俄语的教材编写理念。

3. 俄语教学不同于母语教学的突出特点是，语言要素的教学不能孤立进行。编者以教学大纲规定的五项技能相结合的教学目标为标准，拟定本教材的话题内容、语言要素、教学场景和学习任务，旨在培养德才兼备的高素质人才。

4. 教材内容力求开拓国际视野，加强人才国际交流，反映新时代俄语的最新变化，展现当代俄罗斯语言风格和时代风貌，贯彻实践第一、交际为主的原则，借鉴信息技术教学方法，体现智慧课堂教学理念。

四、教学目标

1. 通过俄语视听说的教学，完成《高等学校俄语专业教学大纲》规定的口语、听力和阅读任务。全面发展学生的俄语语言能力、俄语交际能力和俄语综合运用能力，提高学生的语言表达兴趣和准确接收、理解及输出俄语信息的技能，实现价值塑造、能力培养、知识传授三位一体的教学目标。

2. 贯彻视听说最基本的教学思想：既要发展学生俄语听说能力，也要教授学生现代俄语语言的应用能力，更要培养学生自主学习的能力。通过以标准语音为基础的句型学习、课文朗读、对话互动与文本听写，提高学生听、说、读、写、译的各项俄语微技能，以及熟练运用俄语进行社会交际的综合实践能力。

五、教材特色

1. 全方位解析考级试题

本教材注重内容编排及整体设计的科学性，一方面融入社会主义核心价值观，另一方面对标俄语专业四八级考试，安排了听力口语考试的题型和知识点，设计了回答问题、听力理解、口语表述以及短文听写等相关练习，为广大学生提供了更多的练习资源。

2. 真实情景拍摄交际对话

视频对话由俄罗斯演员在俄罗斯取景拍摄，表演生动真实，视频内容话题广泛，运用现代俄语规范语言，话语情节丰富且有连续性，符合真实口语运用场景，能展现当下俄罗斯国情文化。使学生仿佛身处俄罗斯，体验大学生的学习生活，在真实语境中感受纯正的俄语语言。

3. 多维度凝练答题技巧

鉴于练习题数量多且丰富多样，本教材一改教师用书只附录习题答案的惯例，针对书中练习的讲授方式，在教师用书中为老师们提供了丰富的教学建议。练习的设计可让学生从不同的角度、不同的思维方式去理解俄语、运用俄语，以体现本书注重智慧教学的特色。

六、教学建议

1. 本书结合视听说教材的内容特点，系统地融入新时代中国特色社会主义思想的核心要义，题材新颖现代，内容贴近生活，语言生动有趣，语用规范严谨。建议教师配合相应阶段的精读语法知识进行语言教学，使学生能够在口语交际中学习词汇、运用语法，在有趣的互动中学习俄语，注重运用模仿、记忆、理解的外语习得规律，增强学生识别语法现象的技能。

2. 课本每节课所列单词相对平衡且逐步增加，根据遗忘先快后慢的规律，有计划地安排了单词适当的重现率，强化单词背记的反复过程。教师可以按照教材的顺序，引导学生每隔一段时间进行复习，通过单词或固定短语发音的重复训练，巩固识别词汇的技能。

3. 可根据不同专业方向增减课程的章节，或者采用精听与泛听、精读与泛读相结合的教学策略，锻炼学生的快速听读能力和准确听写能力，并根据视听内容进行师生对话、生生对话和交际互动，凝练学生"说"的能力，从而达到视、听、说技能的同步提升。

4. 教材以实景交际为对话的语境基础，建议课前进行不同学习者的特征分析，依据生源特点拟定教学方案，在此基础上进行教材内容解读，把握本章的单词、词组和基本句型，然后确定教学的重点难点、进行教学策略设计和选择，课后应进行教学评价与反思，贯彻综合语言能力和专项语言技能相结合的俄语智慧教学方法。

在本教材的编写过程中，我们得到了上海外语教育出版社的关心与支持。多语种事业部岳永红主任给予了我们很多具体指导，俄语编辑龙歆韵和陈妍宏也提出了很好的建议，在此对他们为本教材出版所付出的辛劳表示诚挚的感谢！

由于水平和时间所限，本教材的疏漏和差错在所难免，真诚希望使用者们提出宝贵意见，意见反馈可发送至 937172603@qq.com 或 radalutsa@mail.ru。我们会倾听提出的问题，特别是任课教师所反馈意见和建议。对此我们一并深表谢忱。

编者

2023 年 4 月

Предисловие от авторов

Дорогой коллега!

Спасибо за то, что Вы выбрали наш учебник! Мы надеемся, что Вам будет интересно и удобно работать по нему.

Чтобы Вам было легче работать со студентами, мы специально приготовили некоторые рекомендации по проведению занятий – Вы увидите их по ходу учебника.

Каждый урок заканчивается заданием на повторение пройденного материала. Повторение вы можете организовать несколькими способами:

1) Вы все вместе в рамках фронтального опроса вспоминаете всё, что запомнили из этого урока.

2) Вы делите студентов на пары, и они обсуждают друг с другом разные вопросы по пройденной теме. Например, для урока 1 — как надо знакомиться по-русски, как правильно знакомиться, что включает в себя русское имя, как в России люди обращаются друг к другу и так далее — одним словом, всё, что они вспомнят из этого урока.

3) Вы делите студентов на пары, и они берут интервью друг у друга: Чему ты научился(ась) в этом уроке? Что ты теперь знаешь? Что ты запомнил(а) лучше всего из этого урока? Что было особенно интересно узнать? Что было легко? Что было трудно? Что понравилось? Что не понравилось? и так далее.

4) Каждый студент создаёт кластер, коллаж или рисунок, в котором объединяет весь пройденный материал.

5) Студенты пишут письма друг другу, в которых объясняют ключевые моменты этого урока.

6) Вы заранее готовите вопросы по пройденной теме, пишете их на небольших листах бумаги (желательно

разноцветной), сворачиваете и складываете в коробку, банку или пакет. Затем вы ходите по аудитории, студенты достают эти вопросы, читают их для всей группы и отвечают.

7) Если в вашей группе не так много студентов, вы можете оставить 10—15 минут перед концом занятия, встать у двери и попросить каждого подойти к вам и ответить на вопрос по пройденной теме. Если студент отвечает правильно, он может выйти из аудитории — для него занятие закончилось. Если неправильно — становится в конец очереди на выход и подходит к вам ещё раз.

Вы можете менять способы повторения темы в каждом уроке. Какой способ вы ни выбрали бы, следите, чтобы студенты старались говорить больше на русском языке, чем на китайском.

Мы открыты ко всем замечаниям, советам и дополнениям, а также будем рады всем Вашим вопросам и пожеланиям.

СОДЕРЖАНИЕ

1 **УРОК 1**
ДАВАЙТЕ ПОЗНАКОМИМСЯ!

2 СЛУШАЙТЕ И ЧИТАЙТЕ!

3 СЛУШАЙТЕ И ПИШИТЕ!

8 СЛУШАЙТЕ И ГОВОРИТЕ!

14 СМОТРИТЕ!

20 ПРОВЕРЬТЕ СЕБЯ!

22 ПОИГРАЕМ!

23 **УРОК 2**
МОЯ СЕМЬЯ

24 СЛУШАЙТЕ И ЧИТАЙТЕ!

25 СЛУШАЙТЕ И ПИШИТЕ!

29 СЛУШАЙТЕ И ГОВОРИТЕ!

34 СМОТРИТЕ!

39 ПРОВЕРЬТЕ СЕБЯ!

40 ПОИГРАЕМ!

41 УРОК 3
МОЯ УЧЁБА

42 СЛУШАЙТЕ И ЧИТАЙТЕ!

43 СЛУШАЙТЕ И ПИШИТЕ!

47 СЛУШАЙТЕ И ГОВОРИТЕ!

52 СМОТРИТЕ!

56 ПРОВЕРЬТЕ СЕБЯ!

57 ПОИГРАЕМ!

59 УРОК 4
ВРЕМЯ

60 СЛУШАЙТЕ И ЧИТАЙТЕ!

60 СЛУШАЙТЕ И ПИШИТЕ!

66 СЛУШАЙТЕ И ГОВОРИТЕ!

71 СМОТРИТЕ!

75 ПРОВЕРЬТЕ СЕБЯ!

76 ПОИГРАЕМ!

77 УРОК 5
МОЙ ДЕНЬ

78 СЛУШАЙТЕ И ЧИТАЙТЕ!

78 СЛУШАЙТЕ И ПИШИТЕ!

82 СЛУШАЙТЕ И ГОВОРИТЕ!

87 СМОТРИТЕ!

92 ПРОВЕРЬТЕ СЕБЯ!

93 ПОИГРАЕМ!

95 УРОК 6
В ГОСТЯХ

96 СЛУШАЙТЕ И ЧИТАЙТЕ!

97 СЛУШАЙТЕ И ПИШИТЕ!

101 СЛУШАЙТЕ И ГОВОРИТЕ!

105 СМОТРИТЕ!

111 ПРОВЕРЬТЕ СЕБЯ!

112 ПОИГРАЕМ!

113 УРОК 7
ГДЕ НАХОДИТСЯ?

114 СЛУШАЙТЕ И ЧИТАЙТЕ!

114 СЛУШАЙТЕ И ПИШИТЕ!

118 СЛУШАЙТЕ И ГОВОРИТЕ!

123 СМОТРИТЕ!

128 ПРОВЕРЬТЕ СЕБЯ!

130 ПОИГРАЕМ!

131 УРОК 8
АЛЛО! Я ВАС СЛУШАЮ!

132 СЛУШАЙТЕ И ЧИТАЙТЕ!

133 СЛУШАЙТЕ И ПИШИТЕ!

136 СЛУШАЙТЕ И ГОВОРИТЕ!

141 СМОТРИТЕ!

147 ПРОВЕРЬТЕ СЕБЯ!

148 ПОИГРАЕМ!

151 ЗАКЛЮЧИТЕЛЬНАЯ ИГРА
«НАШИ ТЕМЫ»

01

УРОК 1
ДАВАЙТЕ
ПОЗНАКОМИМСЯ!

СЛУШАЙТЕ И ЧИТАЙТЕ!

 а. Слушайте слова по теме, одновременно читайте и повторяйте их.

Совет! Обратите внимание студентов на разницу в понятиях «называть по имени / по имени-отчеству», «друзья / знакомые», «быть на ты / на вы», а также объясните им, что «говорить по-русски» = «говорить на русском языке»: сначала задайте эти вопросы студентам; если они не смогут найти ответ, тогда объясните их сами.

Дополнительное задание: попросите студентов устно или письменно составить примеры с каждым новым словом. Этот вариант также может стать домашним заданием.

б. Для каждого глагола назовите вторую форму — НСВ или СВ.

знакомиться — познакомиться   называть — назвать

знакомить — познакомить   говорить — поговорить

представляться — представиться   переходить — перейти

представлять — представить

в. Для каждого существительного назовите вторую форму — единственного или множественного числа.

фамилия — фамилии   знакомая — знакомые

имя — имена   друг — друзья

отчество — отчества   подруга — подруги

знакомый — знакомые   язык — языки

Совет! Обратите внимание студентов на то, что множественное число слова «друг» — «друзья», множественное число слова «подруга» — «подруги». Если же мы имеем в виду одновременно и друзей (мальчиков), и подруг, то в данном случае используем слово «друзья».

СЛУШАЙТЕ И ПИШИТЕ!

 а. Прослушайте слова и выражения и напишите их.

Мне очень приятно с тобой познакомиться!

Очень приятно с вами познакомиться!

Очень приятно!

Мне тоже!

Я очень рад с тобой познакомиться!

Очень рада с вами познакомиться!

Очень рады!

Я тоже!

Будем знакомы!

Как тебя зовут?

Как ваша фамилия?

Как ваше имя?

Как ваше отчество?

Разрешите представиться. Меня зовут Антон.

Разрешите представить вам моего знакомого.

Я хочу познакомить тебя с моими друзьями.

Познакомься, это мой друг.

Познакомьтесь, это наш преподаватель.

Давайте знакомиться!

Ты откуда?

Ты из какой страны?

Совет! Обратите внимание студентов на разницу между ответами «мне» и «я»: «Очень приятно. — МНЕ тоже» / «Очень рад. — Я тоже» («Очень приятно. — *Я тоже. Очень рад. — *Мне тоже», — это одна из самых распространённых ошибок), а также на то, что можно употреблять как длинные фразы: «Мне очень приятно с тобой познакомиться» / «Очень приятно с тобой познакомиться» / «Мне очень приятно познакомиться», так и короткие: «Очень приятно познакомиться» / «Мне очень приятно» / «Очень приятно» (то же самое и во фразах со словом «рад»).

б. Прослушайте слова и выражения ещё раз, прочитайте и повторите их.

Совет! После прослушивания вы можете задать несколько вопросов с этими словами, чтобы студенты повторили данную лексику в речи. Например:
Как тебя зовут? А тебя?

У тебя есть русское имя? Какое?

Как твоя фамилия? А твоя?

У тебя есть отчество?

Катя, мне очень приятно с тобой познакомиться. — ...

Саша, а кто это? — ...

Очень рад(-а) познакомиться! —

... и так далее. Фантазируйте!

❸ Прослушайте диалоги и вставьте пропущенные слова.

——————— Диалог 1 ———————

— Вера, привет!

— Привет, Антон!

— Познакомься, это мой друг Ваня.

— Очень приятно!

— Мне тоже!

——————— Диалог 2 ———————

— Саша, я хочу познакомить тебя с моей соседкой по комнате.

— Меня зовут Катя.

— А я Саша. Будем знакомы!

— Очень приятно!

——————— Диалог 3 ———————

— Здравствуйте! Я ваш новый преподаватель.

— Здравствуйте!

— Меня зовут Наталья Петровна. Я очень рада с вами познакомиться!

— Мы тоже!

Совет! Вы можете прослушать диалоги ещё раз и повторить каждую фразу (в парах, в группах, все вместе).

4 **Прослушайте текст и вставьте пропущенные слова.**

У меня есть один хороший знакомый. Я его знаю уже 5 лет. Мы познакомились в университете. У нас была лекция, ко мне подошёл приятный молодой человек и сказал: «Привет! Ты сидишь один?» Я ответил: «Да».

— Можно я сяду рядом с тобой?

— Да, конечно!

— Меня зовут Александр. А тебя?

— Меня зовут Андрей.

— Очень рад познакомиться с тобой.

— Я тоже.

На этой лекции мы сидели вместе. Таким было наше знакомство.

Совет!

Дополнительные задания:

1) Вы можете дать задание прочитать этот текст с женским персонажем «У меня есть одна хорошая знакомая ...» и с несколькими персонажами «У меня есть одни хорошие знакомые ...».

2) Вы можете задать вопросы по тексту, требующие ответа «да» или «нет», или говорить правильные/неправильные фразы, чтобы студенты определяли соответствие/несоответствие фраз тексту.

3) Вы можете задать любые вопросы по тексту, а также личные: «А у тебя есть друг, с которым ты знаком со школы?», «В каком классе ты с ним познакомился?», «Сколько лет вы уже знаете друг друга?» и так далее.

---

5 **а. Прослушайте русские имена и впишите их в подходящую колонку таблицы. Полные и краткие формы одного имени впишите друг напротив друга.**

Александр, Иван, Анна, Екатерина, Саша, Аня, Антон, Катя, Ваня, Ольга, Коля, Оля, Антон, Вера, Надя, Макс, Любовь, Надежда, Николай, Вера, Максим, Андрей, Люба, Владимир, Миша, Лена, Мария, Елена, Володя, Наташа, Маша, Михаил, Дмитрий, Наталья, Пётр, Татьяна, Дима, Петя, Таня

Мужские полные имена	Мужские краткие имена	Женские полные имена	Женские краткие имена
Александр	Саша	Анна	Аня
Иван	Ваня	Екатерина	Катя
Антон	Антон	Ольга	Оля
Николай	Коля	Вера	Вера

Мужские полные имена	Мужские краткие имена	Женские полные имена	Женские крат- кие имена
Максим	Макс	Надежда	Надя
Андрей	Андрей	Любовь	Люба
Владимир	Володя	Елена	Лена
Михаил	Миша	Мария	Маша
Дмитрий	Дима	Наталья	Наташа
Пётр	Петя	Татьяна	Таня

Совет! Прежде всего объясните студентам разницу в понятиях «полное имя» / «краткое имя».

Дополнительные задания:

1) Вы можете спросить у студентов, какие ещё русские мужские и женские имена они знают, и дополнить ими таблицу.

2) Вы можете спросить у студентов, какие русские имена (мужские и женские) им нравятся, какие не нравятся и почему.

3) Вы можете спросить у студентов, как их зовут по-русски и нравятся ли им их русские имена.

6. Образуйте мужские и женские отчества от имён, которые вы услышите.

Мужские имена	Мужские отчества	Женские отчества
Иван	Иванович	Ивановна
Николай	Николаевич	Николаевна
Пётр	Петрович	Петровна
Алексей	Алексеевич	Алексеевна
Виктор	Викторович	Викторовна
Павел	Павлович	Павловна

Совет! **Дополнительные задания:**

1) Вы можете спросить у студентов, бывают ли отчества, образо- ванные от женских имён (Анновна, Екатеринович, Натальевна), и почему.

2) Дополнительным закреплением материала может стать образование отчеств от мужских имён из предыдущего задания.

6 **а. Прослушайте текст, напишите названия стран, их столицы и языки.**

Текст

Вы все студенты из Китая, поэтому все говорите на китайском языке. Но сейчас вы изучаете русский язык. На русском языке говорят в России. В школе вы учили английский язык. По-английски говорят в Америке и Великобритании. В следующем году вы можете начать изучать второй иностранный язык, например, французский, немецкий, итальянский, испанский, японский или корейский. Французский — это язык Франции, немецкий — Германии, итальянский — Италии, испанский — Испании, японский — Японии, а корейский — Кореи.

У каждой страны есть своя столица. Столица Америки — это Вашингтон. Столица Великобритании — Лондон. В Германии — это Берлин, в Италии — Рим, в Испании — Мадрид. А какие столицы в Китае, России, Франции, Японии и Корее?

Страна	Столица	Язык
Китай	Пекин	китайский
Россия	Москва	русский
Америка	Вашингтон	английский
Великобритания	Лондон	английский
Франция	Париж	французский
Германия	Берлин	немецкий
Италия	Рим	итальянский
Испания	Мадрид	испанский
Япония	Токио	японский
Корея (Южная)	Сеул	корейский

Совет! **Дополнительные задания:**

1) Вы можете спросить у студентов, какие ещё названия стран, столиц и языков на русском языке они знают.

2) Вы можете задать вопросы, требующие ответа «да» или «нет»: «А ты был в России?», «А ты был в Пекине?», «А в Москве?», «А в Японии?» … и так далее; «Ты говоришь по-китайски?», «А по-русски?», «А по-французски?» … и так далее.

3) Вы можете спросить у студентов, какие страны / столицы им нравятся, в каких странах / столицах они были, на каком ещё языке они хотят говорить.

6. Составьте по образцу небольшой рассказ с названиями записанных стран и их языков.

Я из... . Я говорю... . А ещё я говорю... , но я не говорю... .

А он из... . Он говорит... .

А она из... . Она говорит... . А они из... . Они говорят... .

СЛУШАЙТЕ И ГОВОРИТЕ!

 ❼ Прослушайте диалоги и выберите правильный вариант ответа.

─────── Диалог 1 ───────

— Извините, вы откуда?

— Я из России.

— Из какого города? Из Москвы?

— Нет, из Санкт-Петербурга.

— Очень приятно!

— Мне тоже! А вы откуда?

— Я из Италии, из Рима.

— Очень рад!

— Я тоже!

─────── Диалог 2 ───────

— Извини, ты откуда?

— Я из Америки.

— Ты американец?

— На самом деле я китаец, но сейчас живу в Америке. А ты китаянка?

— Нет, я из Японии. А моя подруга — из Кореи.

— Будем знакомы!

— Очень приятно!

Ключи к заданиям

1) Б   2) Б   3) Б   4) А   5) Г

Совет!

Дополнительные задания:

1) Работа в парах или мини-группах: составить или написать подобные диалоги.

2) Разыграть собственные диалоги друг с другом или перед всей группой.

---

8 Прослушайте текст и ответьте на вопросы.

Привет! Я из Китая. Совсем недавно я учился в школе, а сейчас я уже студент. Я помню свою первую учительницу в школе. Она пришла в класс и сказала: «Здравствуйте, ребята! Давайте знакомиться! Надеюсь, что мы будем друзьями!» И других учителей я тоже помню. Все мои учителя в школе были китайцами. А теперь я учусь в университете, изучаю русский язык. И у меня есть не только китайские преподаватели, но и русские.

Китайских преподавателей мы называем по фамилии и добавляем слово 老师 (lao shi), что значит «учитель / преподаватель». Например, 李老师 (Li lao shi), 王老师 (Wang lao shi). А русских преподавателей мы должны называть по имени-отчеству. Например, Анна Андреевна, Иван Николаевич. В Китае нет отчеств, а в России не говорят *преподаватель Анна, преподаватель Иван*. Это надо помнить.

Ключи к заданиям

1) Текст рассказывает студент.

2) Он из Китая.

3) Он учится в университете и изучает русский язык.

4) Она сказала: «Здравствуйте, ребята! Давайте знакомиться! Надеюсь, что мы будем друзьями!»

5) Да, он помнит всех учителей.

6) Они все были китайцами, родом из Китая.

7) Нет, ещё есть русские преподаватели.

8) Это значит «учитель / преподаватель».

9) Китайских преподавателей нужно называть по фамилии и добавлять слово «老师».

10) Русских преподавателей нужно называть по имени-отчеству.

11) В Китае нет отчеств, а в России не добавляют слово «преподаватель».

Совет! Обратите внимание студентов на то, что в школе обычно говорят «учитель», а в университете — «преподаватель», хотя эти слова и синонимичны.

Дополнительные задания:

1) Вы можете попросить студентов пересказать этот текст.

2) Вы можете спросить у студентов, есть ли у них русские преподаватели, как их зовут и как студенты их называют.

9 а. Слушайте речевые образцы и повторяйте их. Поставьте ударение в каждом слове.

Я знако́м(-а) с ним (с ней, с ни́ми) давно́ / со шко́лы / полго́да.	=	Я зна́ю его́ (её, их) давно́ / со шко́лы / полго́да.
ИЛИ		
Мы знако́мы давно́ / со шко́лы / полго́да.	=	Мы зна́ем друг дру́га давно́ / со шко́лы / полго́да.
Я пло́хо с ним (с ней, с ни́ми) знако́м(-а).	=	Я его́ (её, их) пло́хо зна́ю.
ИЛИ		
Мы с ним (с ней, с ни́ми) пло́хо знако́мы.	=	Мы пло́хо зна́ем друг дру́га.
Я не знако́м(-а) с ним (с ней, с ни́ми).	=	Я не зна́ю его́ (её, их).

ИЛИ

Мы не знако́мы. = Мы не зна́ем друг дру́га.

6. Расскажите, когда и где состоялось ваше знакомство:

с вашими друзьями;

с вашими одногруппниками;

с вашими соседями по общежитию;

с вашими преподавателями.

Совет! **Дополнительные задания:**
1) Перед тем как студенты начнут составлять собственные рассказы, вы можете попросить их придумать свои примеры с каждым выражением.
2) На занятии вы можете лишь прочитать и объяснить эти фразы, а составление собственных рассказов (письменно или устно) может стать домашним заданием.

10 а. Прослушайте текст и перескажите его, опираясь на схему.

В России у каждого человека есть фамилия, имя и отчество. Отчество — это имя отца. Если отца зовут Александр, то отчество его дочери — Александровна, а сына — Александрович. Если отца зовут Иван, то дочь будет иметь отчество Ивановна, а сын — Иванович. В Китае нет отчества, есть только фамилия и имя.

Русское имя может быть полным и кратким. Полное имя, например, Александр используется в официальной ситуации, а краткое имя — Саша — употребляют в семье, среди друзей и близких людей, то есть в неофициальной ситуации. Если мы называем человека по имени-отчеству, то мы обязательно используем его полное имя, например, Александр Иванович.

> **Совет!** Если для ваших студентов данный текст окажется трудным, можно показывать его на экране компьютера и читать вместе с аудиозаписью, работая над произношением.
>
> **Дополнительные задания:**
> 1) Для пересказа можно ещё раз прослушать текст и попросить студентов назвать опорные слова и написать их на доске: *Александр, Александровна, Александрович, Китай, официальная ситуация, неофициальная ситуация, называть по имени-отчеству.*
> 2) Вы можете задать студентам вопросы по содержанию текста, чтобы они лучше его поняли.

6. Как вас зовут по-русски? Назовите своё полное и краткое русское имя.

> **Совет!** В качестве домашнего задания можно попросить студентов объяснить с помощью словаря значения их китайских имён, а также подумать или посмотреть в Интернете (yandex.ru: *александр значение имени*), что значит их русское имя.

⑪ Прослушайте правила знакомства и объясните их друг другу. Приведите собственные примеры.

В жизни часто бывают ситуации, когда мы представляем одного человека другому, но люди не всегда знают, кого кому надо представлять.

Правило № 1. В официальной ситуации человека менее известного и занимающего менее высокое положение представляют человеку более известному и занимающему более высокое положение. Например: «господин Президент, разрешите представить Вам господина Лаврова».

Правило № 2. Младшего по возрасту представляют старшему. Например: «Мама, познакомься с моим другом Антоном».

Правило № 3. Мужчину всегда представляют женщине. Например: «Катя, разреши познакомить тебя с моим братом Сергеем».

> **Совет!** Вы можете попросить студентов вспомнить другие правила знакомства. Возможно, найдутся национально-культурные нюансы.

⑫ Составьте собственные диалоги по следующим темам.

1) знакомство в официальной ситуации;

2) знакомство в неофициальной ситуации.

⑬ а. Посмотрите на картинку и опишите её.

б. Составьте диалоги по этой картинке.

⑭ Посмотрите на картинку и составьте небольшой рассказ.

Совет! Чтобы составить рассказ, сначала вы можете записать опорные слова на доске. Их назовут студенты, рассматривая картинку.

Для этого задавайте студентам наводящие вопросы:

— Что вы видите на картинке?

— Как вы думаете, кто эти люди?

— Какие они?

— Что они делают?

— Что они чувствуют?

— Где они находятся?

— Когда происходит действие?

и так далее в зависимости от картинки.

В каждом уроке мы будем приводить примерные опорные слова. Если у студентов возникнут затруднения с выявлением опорных слов, вы можете записать на доске слова из нашего списка. После того, как слова будут записаны, попросите студентов объединить все эти слова в текст — составить рассказ.

Примерные опорные слова: студенты, университет, знакомиться, молодой человек, девушка, разные страны, учиться вместе.

СМОТРИТЕ!

⑮ а. Обратите внимание на новые слова и словосочетания, которые встретятся в видеофильме «Русский язык объединяет».

б. Посмотрите первую часть видеофильма и словами «да» или «нет» ответьте, соответствуют ли содержанию данные фразы.

Русский язык объединяет (1)

Макс: Привет!

Ю Ли: Привет!

Макс: Ты здесь один?

Ю Ли: Пока один. Я пришёл очень рано, волнуюсь перед первым занятием в России.

Макс: Ну, теперь нас двое. Меня зовут Макс. А как тебя зовут?

Ю Ли: Меня зовут Ю Ли.

Макс: Ю... прости, можешь ещё раз сказать своё имя?

Ю Ли: Ха-ха-ха, Ю Ли. Можно просто Ли. Да, это немного трудно. Ли — это имя, а Ю — это фамилия.

Макс: Теперь понял. Спасибо! Очень приятно познакомиться с тобой, Ли.

Ю Ли: Мне тоже очень приятно! Кстати, ты можешь называть меня русским именем — Юрий, Юра.

Макс: Да, так будет легче!

Ю Ли: А у тебя есть русское имя?

Макс: Нет. Твоё имя трудное для русских, а моё — нет, потому что в России есть похожее имя — Максим.

Ю Ли: А ты откуда?

Макс: Я из Америки. А ты, наверное, из Японии?

Ю Ли: Нет, я из Китая. Все думают, что японцы и китайцы похожи, но это не так.

Макс: Прости! Мне действительно трудно вас различать.

Ю Ли: Ха-ха-ха! А ты из какого города?

Макс: Из Вашингтона.

Ю Ли: Вау!

Макс: А ты из какого города? Из Пекина?

Ю Ли: Нет, из Чунцина.

Макс: Ой, честно говоря, не знаю (этот город).

Ю Ли: Это очень большой город в Китае, но кроме Пекина, Шанхая и Гонконга, иностранцы плохо знают другие города в Китае.

Макс: Да, да, точно! Ты говоришь по-английски?

Ю Ли: Знаешь, я учил английский в школе, но уже многое забыл. Я сейчас использую его мало. Всегда говорю по-русски. А ты говоришь по-китайски?

Макс: Нет, нет, что ты! Китайский язык очень трудный!

Ю Ли: Русский язык тоже.

Макс: Но ты уже очень хорошо говоришь по-русски! Лучше, чем я.

Ю Ли: Что ты! Мне ещё надо многое выучить, поэтому я и приехал в Россию. Но ты тоже хорошо говоришь!

Макс: В России учить русский язык легче, здесь русский язык везде — в общежитии, в метро, в магазине.

Ю Ли: Да, и здесь небольшие группы. В Китае у нас в группе было 30 человек, а здесь в нашей группе будет всего 10. Ты знаешь?

Макс: Да, я знаю. И у нас очень интересная группа — все ребята из разных стран. Ты из Китая. Я из Америки. Ещё есть ребята из Германии, Франции, Испании, Италии, Японии и Кореи. Мы все такие разные, но нас объединяет русский язык!

Ю Ли: Я ещё не знаком с ними, но скоро познакомлюсь.

Макс: И ещё нас объединяет наш преподаватель — Любовь Андреевна.

Ю Ли: Да, она мне тоже понравилась, только я постоянно забываю её имя. В Китае нет отчеств, есть только фамилия и имя.

Макс: У нас тоже нет. Мы сначала называли её Любовь, это так красиво — любовь. Но потом она сказала нам, что мы должны называть её по имени-отчеству, потому что она наш преподаватель. Кстати, скоро начнётся занятие. Если ты хочешь, садись рядом со мной. Я сижу один.

Ю Ли: Спасибо! Тогда я буду твоим соседом по парте.

Макс: Очень рад!

Ю Ли: Я тоже!

Ключи к заданиям

1) Нет	2) Нет	3) Нет	4) Нет	5) Да	6) Да
7) Нет	8) Да	9) Нет	10) Да	11) Да	12) Да
13) Нет	14) Нет	15) Нет			

Совет! Дополнительным заданием может стать объяснение отрицательных ответов (нет): Нет, у Ю Ли есть русское имя, по-русски его зовут Юра.

в. Посмотрите вторую часть видеофильма и ответьте на вопросы.

Русский язык объединяет (2)

Макс: Смотри, какая красивая русская девушка!

Ю Ли: Какая из них? Там все красивые.

Макс: Вот эта, которая идёт. Давай познакомимся с ней!

Ю Ли: Это неудобно!

Макс: Удобно! Чтобы хорошо говорить по-русски, нужно больше разговаривать с русскими. Мы с ней познакомимся, и у нас будет русская подруга.

Ю Ли: А если она не захочет знакомиться с нами?

Катя: Мальчики, я всё слышу!

Макс: Ой, простите, мы хотели познакомиться с вами. Как вас зовут?

Катя: Катя. Привет!

Ю Ли: Привет!

Макс: Привет! Меня зовут Макс, а это мой друг из Китая — Юра.

Катя: Очень приятно!

Макс: И мне тоже!

Ю Ли: И мне!

Катя: Макс, а ты откуда?

Макс: Я из Америки.

Ю Ли: А вы студентка?

Катя: Да. А вы?

Макс: Мы тоже. Мы иностранные студенты, приехали изучать русский язык.

Ю Ли: А Вы что изучаете?

Катя: Давайте перейдём на «ты».

Макс и Ю Ли: Хорошо!

Катя: Я тоже изучаю русский язык.

Макс: Здорово!

Катя: Юра, а тебя действительно зовут Юра? Ты же китаец.

Ю Ли: Ха-ха-ха, нет, конечно, это моё русское имя, потому что моё китайское имя немного трудное для русских. По-китайски меня зовут Ю Ли.

Катя: Ю Ли и Юра — очень похоже.

Ю Ли: Да, но Ю — это фамилия, а Ли — это имя.

Катя: Теперь поняла!

Макс: А какое твоё полное имя?

Катя: Екатерина.

Ю Ли: Очень красивое.

Катя: Спасибо! Скоро будет занятие, я должна идти.

Макс: Надеюсь, мы ещё увидимся!

Катя: Конечно, увидимся! До встречи!

Макс: Пока!

Ю Ли: Пока!

Ключи к заданиям

1) Они хотят познакомиться с русской девушкой.
2) Чтобы хорошо говорить по-русски, надо больше разговаривать с русскими.
3) Девушку зовут Катя.
4) Она студентка, изучает русский язык.
5) Её полное имя — Екатерина.

г. Посмотрите ещё раз две части видеофильма и опишите Ю Ли, Макса и Катю.

Ю Ли — китаец, из Китая, из города Чунцина. Макс — американец, из Америки, из города Вашингтона. Катя — русская, из России. Они учатся в университете, изучают русский язык. Для Ю Ли и Макса русский язык — иностранный, а для Кати — родной...

д. Обсудите в группе.

е. Посмотрите видеофильм ещё раз и обратите внимание на следующие слова и выражения, которые часто употребляются в разговорной речи.

1) Кстати, ты можешь называть меня русским именем.
2) — А ты из какого города?
   — Из Вашингтона.
   — Вау!
3) Ой, честно говоря, не знаю (этот город).
4) — Иностранцы плохо знают другие города в Китае.
   — Да, да, точно!
5) — А ты говоришь по-китайски?
   — Нет, нет, что ты!
6) — Но ты уже очень хорошо говоришь по-русски! Лучше, чем я.
   — Что ты!
7) — Я тоже изучаю русский язык.
   — Здорово!
8) — Юра, а тебя действительно зовут Юра? Ты же китаец.
   — Нет, конечно, это моё русское имя.

16 **Посмотрите видеофильм ещё раз и составьте пересказ его сюжета:**

— в форме диалогов от первого лица;
— в форме текста от третьего лица.

Совет! Вы должны объяснить студентам, что пересказ от первого лица подразумевает употребление местоимения «я», то есть студенты становятся на место героев видеофильма.

Пересказ от третьего лица подразумевает употребление местоимений «он, она, они», то есть студенты должны преобразовать прямую речь героев в косвенную:

«Макс зашёл в аудиторию, увидел молодого человека и спросил его, один ли он там. Молодой человек ответил, что он пока один, потому что он пришёл очень рано, волнуется перед первым занятием в России...» и так далее.

Креативатор мышления

17 **Разделитесь на группы и запишите собственные небольшие видео-ролики (мини-истории) или аудиозаписи (диалоги, тексты) на тему «Давайте познакомимся!». Придумайте задания к ним или составьте вопросы.**

Совет!
• Не бойтесь давать студентам полную свободу творчества! Развивайте в них креативное мышление, нестандартный подход к задачам и творческое начало!
• Если у вас есть время, этому заданию вы можете посвятить целое занятие: прослушать работы студентов, ответить на их вопросы, разобрать каждую ошибку.
• Если в вашей группе слишком много студентов, вы можете ограничить видеоролики / аудиозаписи по времени в зависимости от количества студентов.
• Это задание будет повторяться в каждом уроке учебника. Если студентов много, а часов занятий мало, разделите всю группу на 8 мини-групп (например, по 3–4 человека) и распределите их по урокам учебника: у каждой группы будет своя тема. Таким образом, на каждый урок (тему) у вас

будет только одна новая видео- или аудиозапись. На занятии действуйте по указанной выше схеме: прослушайте работу студентов, выполните задания, затем разберите каждую ошибку.

ПРОВЕРЬТЕ СЕБЯ!

Совет! Эти два задания могут стать контрольной проверкой темы. Студенты должны сдать вам свои работы. После вашей проверки студенты делают работу над ошибками, в которой пишут правильные ответы ещё раз.

⓲ Прослушайте вопросы и напишите ответы.

1) Как вас зовут?

2) Как ваша фамилия?

3) У вас есть русское имя? Какое?

4) Вам нравится ваше русское имя? Почему?

5) Сколько вам лет?

6) Откуда вы?

7) На каких языках вы можете говорить?

8) Вы работаете или учитесь здесь?

9) Как зовут вашего преподавателя?

10) Из какой страны ваши преподаватели?

11) Кто сидит рядом с вами? (Кто ваш сосед по парте?)

12) Он/она ваш друг?

13) Что вы говорите, когда знакомитесь с новым человеком?

14) Как называется столица России?

15) Как русские называют друг друга?

16) Какие русские мужские имена вам нравятся?

17) Какие русские женские имена вам нравятся?

18) Как обычно в России называют человека в официальной ситуации?

19) Где употребляют русские краткие имена?

20) Есть ли у русских отчества? А у китайцев?

Совет! В зависимости от того, сколько у вас времени, вы можете попросить студентов писать краткие (Катя) или полные ответы (Меня зовут Катя). В этом задании необходима именно ваша личная проверка всех ответов.

🎧19 Прослушайте текст и напишите диктант.

Сегодня мы познакомились с нашей новой преподавательницей по аудированию. Она сказала нам: «Очень приятно с вами познакомиться!» Мы ответили: «Нам тоже!» Наша преподавательница из России, она русская. А мы китайцы, потому что мы родом из Китая. Мы студенты, изучаем русский язык, поэтому будем разговаривать с нашей преподавательницей по-русски. У каждого из нас есть русское имя. Преподавательница будет называть нас по именам, а мы будем называть её по имени-отчеству, потому что она наша преподавательница. Мы очень рады познакомиться с ней!

Совет! Есть несколько способов проверки диктанта:
— Вы проверяете его лично, исправляете каждую ошибку.
— Вы лишь подчёркиваете ошибки, а на следующем занятии показываете текст на экране компьютера и студенты сами пишут правильные варианты.
— Вы показываете текст на экране компьютера, студенты меняются работами и проверяют их друг у друга.
— Вы показываете текст на экране компьютера, и каждый студент сам проверяет свою работу.
Выбирайте тот способ, который наиболее эффективен для вашей группы. Вы также можете каждый новый урок использовать разные способы.

ПОИГРАЕМ!

20 Игра «Алфавит».

Играют команды или пары. Один студент от каждой команды или пара студентов подходит к доске. Вы или другие студенты называют слова по буквам: «Назовите эф а эм и эл и йа / Напишите и, эм, йа». Первый студент, который назовёт / напишет слово правильно, получает очко. Используйте новые слова из урока.

> **Совет!** Будьте креативными! Придумывайте другие игры в зависимости от интересов ваших студентов!
> Перед игрой повторите со студентами русский алфавит. Повторение вы можете провести с помощью фронтального опроса: указываете на одного студента — он называет первую букву алфавита, затем быстро указываете на другого студента — он называет вторую букву и так далее. Старайтесь указывать на студентов не по порядку их мест.

> «
> Вспомните всё, что вы учили, слушали, видели по этой теме, и попытайтесь рассказать это друг другу по-русски.

УРОК 2
МОЯ СЕМЬЯ

СЛУШАЙТЕ И ЧИТАЙТЕ!

 а. Слушайте слова по теме, одновременно читайте и повторяйте их.

> | **Совет!** | Обратите внимание студентов на то, что в русском языке в отличие от китайского все члены семьи и со стороны мамы, и со стороны папы имеют одинаковое название.
>
> **Дополнительное задание:** попросите студентов устно или письменно составить примеры с каждым новым словом. Этот вариант также может стать домашним заданием.

б. Для каждого глагола назовите вторую форму — НСВ или СВ.

жениться — пожениться
разводиться — развестись

выходить — выйти

в. Для каждого существительного назовите вторую форму — единственного или множественного числа.

семья — семьи
муж — мужья
жена — жёны
родитель — родители
отец — отцы
мать — матери
дедушка — дедушки
бабушка — бабушки
ребёнок — дети
сын — сыновья

дочь — дочери
внук — внуки
внучка — внучки
брат — братья
сестра — сёстры
дядя — дяди
тётя — тёти
племянник — племянники
племянница — племянницы

> | **Совет!** | Обратите внимание студентов:
> 1) на единственное и множественное число одного понятия: «ребёнок» — «дети»;

2) на множественное число слова «сын» — «сыновья», на множественное число слова «дочь» — «дочери». Если же мы имеем в виду и сыновей, и дочерей вместе, то используем слово «дети».

Племянники и племянницы — это племянники.

Внуки и внучки — это внуки.

你有兄弟姐妹吗？ — У тебя есть братья и сёстры?

СЛУШАЙТЕ И ПИШИТЕ!

 а. Прослушайте выражения и напишите их.

семейное древо	они разведены
член семьи	у них трое детей
дружная семья	в семье один ребёнок
он женился	родной брат
он женат	двоюродная сестра
она вышла замуж	старший брат
она замужем	младшая сестра
они поженились	со стороны мамы
они женаты	она похожа на папу
они развелись	бабушка на пенсии

Совет! Также обратите внимание студентов: 1) на собирательное числительное в выражении «у них трое детей»; 2) на значение слов «за́мужем» (= находиться за му́жем) и «женат» (= есть жена); 3) на смысловую разницу в выражениях «она вышла замуж» (результат / когда?) и «она замужем» (состояние / сколько времени?) + он женился/женат + они развелись/разведены.

б. Прослушайте выражения ещё раз, прочитайте и повторите их.

Совет! После прослушивания вы можете задать несколько вопросов с этими словами, чтобы студенты повторили данную лексику в речи. Например:

У тебя есть родной брат или сестра?

Ты похож(-а) на маму или на папу?

Твоя бабушка уже на пенсии?

... и так далее. Фантазируйте!

❸ а. Соедините пары слов, относящиеся к мужским и женским членам семьи.

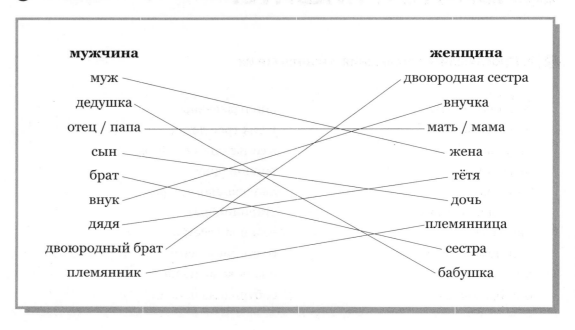

мужчина

муж
дедушка
отец / папа
сын
брат
внук
дядя
двоюродный брат
племянник

женщина

двоюродная сестра
внучка
мать / мама
жена
тётя
дочь
племянница
сестра
бабушка

б. Скажите, какие члены семьи есть в вашей семье.

Совет! Обратите внимание студентов на то, что слова «отец» и «мать» звучат официально, в повседневной жизни используют слова «папа» и «мама».

Дополнительной практикой речи могут стать ваши вопросы: У тебя есть сестра? / У тебя есть двоюродный брат (сестра)? / У вашей тёти есть внук?... и так далее.

4 Прослушайте диалоги и вставьте пропущенные слова.

——————— Диалог 1 ———————

— Ваня, какая у тебя <u>семья</u>?

— Моя семья небольшая. Это <u>мама</u>, <u>папа</u> и я.

— Ты один <u>ребёнок</u> в семье?

— Да.

— А у тебя есть <u>двоюродные</u> братья и сёстры?

— Да, много, потому что у моих <u>родителей</u> много родных <u>братьев</u> и <u>сестёр</u>.

— А ты хочешь иметь <u>родных</u> брата или сестру?

— Я хочу иметь <u>младшую</u> сестру.

——————— Диалог 2 ———————

— Лена, ты слышала, Люба <u>вышла замуж</u>.

— Правда?

— Да, а Антон <u>женился</u>.

— Это я знаю, он <u>женат</u> уже год.

— А как дела у Оли и Саши?

— Они <u>развелись</u>.

— Как жаль!

——————— Диалог 3 ———————

— Николай Петрович, сколько у вас <u>детей</u>?

— <u>Четверо</u>.

— Много! А <u>внуки</u> есть?

— Конечно, внуков очень много. У <u>двух</u> сыновей по <u>двое</u> детей. У <u>старшей дочери</u> — четверо, у младшей — один ребёнок.

— Значит, всего 9 внуков.

— Да, я богатый <u>дедушка</u>!

| Совет! | Вы можете прослушать диалоги ещё раз и повторить каждую фразу (в парах, в группах, все вместе). |

⑤ а. Прослушайте текст и впишите информацию о членах семьи в семейное древо.

Наша семья

Привет! Меня зовут Андрей. Я хочу рассказать вам о моей семье. У меня не очень большая семья. Все мои бабушки и дедушки ещё живы. Мою бабушку со стороны мамы зовут Елена Павловна Морозова, ей 60 лет, а дедушку зовут Владимир Михайлович Морозов, ему 62 года. Бабушка — домохозяйка, а дедушка ещё работает, он врач. Мою бабушку со стороны папы зовут Вера Петровна Соколова, ей 73 года, а дедушке, Виктору Ивановичу Соколову, 74 года. Они уже на пенсии. Мои родители женаты уже 19 лет. Мою маму зовут Татьяна, ей 40 лет, она — учительница русского языка, а мой папа занимается бизнесом, его зовут Алексей, ему 48 лет. У меня есть младшая сестра, Аня, ей 12 лет, она учится в школе. А мне 18 лет, я уже студент. Ещё у нас есть собака, её зовут Ёлка. Она живёт с нами 7 лет. Она уже член нашей семьи. У меня очень дружная семья.

б. Сколько лет членам вашей семьи? Кем они работают?

Свободный ответ.

⑥ а. Прослушайте русские пословицы（谚语）и попытайтесь их записать. Затем объясните их значение.

1) Моя семья — моё богатство.
   Семья — наибольшая ценность человека. Ни деньги, ни друзья, ни материальные ценности не смогут заменить счастье иметь семью.
2) Семья — это семь я.
   Если речь идёт о настоящей семье, в которой царят любовь и взаимопонимание, то человек продолжается и отражается в родных и близких ему людях.
3) Вся семья вместе, то и душа на месте.
   Когда все члены семьи собираются вместе, то душа успокаивается, становится на своё место, и это даёт человеку возможность по-настоящему расслабиться и радоваться встрече с родными и близкими людьми.

б. Какая пословица вам нравится больше всего? Почему?

Свободный ответ.

в. Придумайте небольшой рассказ с использованием одной из пословиц.

Свободный ответ.

Совет! Вы можете попросить студентов вспомнить китайские эквиваленты данных пословиц, если таковые имеются, например: 家和万事兴.

СЛУШАЙТЕ И ГОВОРИТЕ!

7 **Прослушайте диалоги и выберите правильный вариант ответа.**

——————— Диалог 1 ———————

— Скажи мне, что значит слово «прабабушка».

— Прабабушка — это мама бабушки или дедушки, бабушка мамы или папы.

— Значит, прадедушка — это папа бабушки или дедушки, дедушка мамы или папы.

— Да, для твоих бабушки и дедушки — это родители, для твоих родителей — это бабушка и дедушка, для тебя — прабабушка и прадедушка.

— А, теперь понял.

— Если ты хочешь сказать «мама твоих прабабушки или прадедушки», добавляешь ещё одно «пра»: прапрабабушка. Понимаешь?

— Прапрабабушка и прапрадедушка.

— Да, правильно.

——————— Диалог 2 ———————

— У тебя есть дедушки и бабушки?

— Да, конечно.

— А ты видел твоих прабабушек и прадедушек?

— Да, мои прабабушка и прадедушка со стороны мамы ещё живы.

— Сколько им лет?

— Прабабушке 89 лет, а прадедушке 95 лет.

— Ого! Как здорово!

— А ты видела твоих прабабушек и прадедушек?

— Нет, никогда. Они умерли до того, как я родилась.

— Как жаль!

─────── Диалог 3 ───────

— Коля, здравствуй! Это ты?

— Да, это я. Здравствуй, Наташа! Как ты живёшь?

— Хорошо. А ты?

— Я тоже хорошо. Ты замужем?

— Да, уже 5 лет.

— А дети есть?

— Да, сын и дочь.

— Правда? Как здорово! Сколько им лет?

— Сыну уже 4 года, а дочери скоро будет год.

— Ещё маленькая!

— Да. А ты женат?

— Да, женился два года назад.

— У тебя тоже уже есть дети?

— Нет ещё, но мы очень хотим.

Ключи к заданиям

1) В　2) Б　3) Г　4) Г　5) А

Совет!　Вы можете спросить, живы ли ещё прабабушки и прадедушки ваших студентов, видели ли они когда-нибудь своих прабабушек и прадедушек.

Дополнительные задания:

1) Работа в парах или мини-группах: составить или написать подобные диалоги.

2) Разыграть собственные диалоги друг с другом или перед всей группой.

---

8 Прослушайте текст и ответьте на вопросы.

Текст

Раньше в России и в Китае были очень большие семьи, многодетные. В семье было пять, шесть, семь, детей, иногда даже десять. Сейчас всё изменилось.

Молодые люди не хотят иметь много детей. Много детей в семье — это большая работа, поэтому в семье обычно один или два ребёнка. В России, если в семье трое детей, такая семья считается уже многодетной.

В Китае очень много людей, поэтому долгое время можно было иметь только одного ребёнка в семье. Сейчас уже можно иметь двоих детей, но молодые люди предпочитают иметь только одного ребёнка.

Сегодня также очень много смешанных семей. Смешанная семья — это семья, в которой жена и муж из разных стран. Например, жена — из России, русская, а муж — из Китая, китаец. Такая семья — смешанная семья.

Ответы на вопросы

1) Раньше были большие многодетные семьи.
2) Сейчас маленькие семьи.
3) Раньше в семье было пять, шесть, семь, иногда даже десять детей.
4) Сейчас в семье один или два ребёнка.
5) Много детей в семье — это большая работа.
6) Семья, в которой трое детей или больше.
7) В Китае очень много людей.
8) Сейчас уже можно иметь двоих детей.
9) Молодые люди в Китае предпочитают иметь только одного ребёнка.
10) Смешанная семья — это семья, в которой жена и муж из разных стран.

Совет! Дополнительные задания:
1) Вы можете попросить студентов пересказать этот текст.
2) Вы можете спросить студентов, сколько детей в их семьях, сколько детей они хотят иметь, хотели бы они иметь многодетную семью / смешанную семью.

9 Прослушайте текст и перескажите его, используя опорные слова.

Текст

В России дети обычно носят фамилию отца. Например, фамилия отца — Иванов, значит, его сын тоже Иванов, а дочь — Иванова. Когда женщины выходят замуж, они обычно меняют фамилию, берут фамилию мужа. Например, Иванова — это девичья фамилия женщины, а фамилия её мужа — Попов. Значит, женщина возьмёт фамилию мужа и у неё будет фамилия Попова. В России считают, что все члены семьи должны иметь одну фамилию, потому что одна фамилия означает единство семьи.

> **Совет!** После пересказа можно показать текст на экране компьютера и читать вместе с аудиозаписью, работая над произношением. К тексту можно составить вопросы.
> Вы также может задать студентам дополнительные вопросы:
> 1) Чью фамилию обычно носят дети в Китае?
> 2) Берут ли женщины в Китае фамилию мужа, когда выходят замуж?

🎧10 Прослушайте предложение и обсудите его в группе.

«Все счастливые семьи похожи друг на друга, каждая несчастливая семья несчастлива по-своему» — это первая фраза романа Льва Толстого «Анна Каренина». Как вы понимаете эту фразу? Вы согласны с ней?

Эта фраза имеет следующий смысл: счастье у всех одинаковое — иметь дружную семью, умных и красивых детей, дом, машину, достаточно денег, а несчастье у каждой семьи своё — недостаток финансов, болезни детей, отсутствие одного родителя или что-то другое.

11 а. Посмотрите на семейное древо и расскажите об этой семье по образцу.

> **Совет!** Вы можете попросить студентов самостоятельно задавать друг другу вопросы, *кто кому кем* приходится, например:
> Наталья и Дмитрий — кто они?
> Ответ: тётя и племянник.

🎧 б. Напишите недостающие фамилии и отчества членов этой семьи. Проверьте себя по аудиозаписи.

Красавин Пётр Михайлович и Красавина Екатерина Павловна, Красавин Николай Петрович и Красавина Любовь Владимировна, Красавина Ольга Николаевна, Красавин Дмитрий Николаевич и Красавина Татьяна Антоновна, Красавина Вера Дмитриевна.

Тихонов Иван Николаевич и Тихонова Мария Ивановна, Тихонов Александр Иванович и Тихонова Наталья Петровна, Тихонов Алексей Александрович и Тихонова Елена Петровна, Тихонова Надежда Александровна, Тихонов Максим Александрович, Маслов Виктор Андреевич и Маслова Анна Ивановна, Маслов Михаил Викторович.

Совет! Вы можете задать студентам следующие вопросы:
1) Почему у Любови и Татьяны фамилия Красавина, у Натальи и Елены — Тихонова, а у Анны — Маслова?
2) Какие у них девичьи фамилии?
3) Почему у Натальи и Елены отчество — Петровна, у Дмитрия и Ивана — Николаевич: у них один отец?

в. Расскажите о своей семье.

1) Принесите на занятие фотографию своей семьи и расскажите о своей семье.

или:

2) Нарисуйте своё семейное древо и расскажите о своей семье.

Совет! Это задание может стать домашней работой.

⓬ Обсудите следующие вопросы в парах:

1) спросите вашего друга о его семье;
2) расскажите ему о своей семье;
3) расскажите, о какой семье вы мечтаете в будущем.

⓭ а. Посмотрите на картинку и опишите её.

б. Составьте диалоги по этой картинке.

⓮ Посмотрите на картинку и составьте небольшой рассказ.

Совет! Чтобы составить рассказ, вы можете сначала записать опорные слова на доске, предварительно задав студентам наводящие вопросы.

Примерные опорные слова: мама, папа, ребёнок, смешанная семья, Россия, Китай, русская, китаец, разные национальности, любовь.

СМОТРИТЕ!

⓯ а. Обратите внимание на новые слова и словосочетания, которые встретятся в видеофильме «Моя семья — моё богатство».

б. Посмотрите первую часть видеофильма и словами «да» или «нет» ответьте, соответствуют ли содержанию данные фразы.

Моя семья — моё богатство (1)

Макс: Катя, мы очень рады познакомиться с тобой!

Катя: Я тоже очень рада!

Ю Ли: Мы хотели бы, чтобы ты помогла нам познакомиться с Россией.

Катя: Конечно, я помогу! А я бы хотела больше узнать о ваших странах.

Макс: Ты когда-нибудь была в Америке?

Ю Ли: А в Китае?

Катя: Я была за границей, но в Америке и в Китае нет.

Ю Ли: Смотри, Катя, у тебя что-то упало.

Катя: Ой, да. Спасибо!

Макс: Что это? Это фотография?

Катя: Да, это фотография моей семьи.

Ю Ли: Как интересно!

Макс: Расскажи нам о твоей семье.

Катя: Это мой папа. Это моя мама. Это мои братья — старший и младший.

Ю Ли: Вы все очень похожи друг на друга!

Макс: Даже мама с папой!

Катя: Да, вы знаете, у нас говорят, если мужчина и женщина долго живут вместе, то они становятся похожи друг на друга. Мои мама и папа женаты и счастливы вместе уже 30 лет.

Макс: Ого! Так долго!

Ю Ли: Как их зовут?

Катя: Маму зовут Наталья Ивановна, а папу — Сергей Николаевич. Да, моему старшему брату уже 28 лет. Его зовут Пётр. Он уже женат, и живёт со своей семьёй. У него есть маленькая дочь, моя племянница. Ей только 3 года. Она очень милая!

Ю Ли: А сколько лет твоему младшему брату?

Катя: Ему 15 лет. Его зовут Николай. Коля ещё учится в школе, в 9 классе.

Макс: А кем работают твои родители?

Катя: Папа и мама — оба врачи.

Ю Ли: Значит, у вас очень здоровая семья!

Катя: Ха-ха-ха, наверное. К счастью, у нас всех очень хорошее здоровье.

Ключи к заданиям

1) Нет	2) Да	3) Да	4) Нет	5) Нет	6) Нет

7) Да	8) Да	9) Нет	10) Нет	11) Нет	12) Нет
13) Да	14) Да	15) Нет			

Совет! Дополнительным заданием может стать объяснение отрицательных ответов (нет).

в. Посмотрите вторую часть видеофильма и ответьте на вопросы.

Моя семья — моё богатство (2)

Катя: А у вас есть братья или сёстры?

Макс: Мои родители развелись, когда мне было 10 лет. Сейчас и у папы, и у мамы новые семьи. У папы родилась дочь, моя сводная сестра, ей сейчас 8 лет, а у мамы есть сын, мой сводный брат, ему сейчас 6 лет.

Ю Ли: Я не понял, что ты сказал. Сводная? Это что?

Макс: Да, моя сводная сестра.

Катя: Ю Ли, смотри, это правильно: сводная сестра — это сестра, с которой у вас только один родитель общий. У Макса и его сестры один папа, а мамы разные.

Макс: Да, а у моего сводного брата и у меня одна мама, а папы разные.

Ю Ли: А кто тогда для Макса новая жена папы? Как это по-русски?

Катя: Мачеха.

Ю Ли: А новый муж мамы?

Катя: Отчим.

Ю Ли: А с кем ты живёшь сейчас, Макс?

Макс: Ну, сейчас я учусь в университете и живу в общежитии, а раньше жил с папой и мачехой, но все каникулы проводил с мамой и отчимом. На самом деле мы все живём очень дружно. Мне хорошо и у папы, и у мамы. У них прекрасные семьи, мне нравится и мой отчим, и моя мачеха, и я очень люблю моих младших брата и сестру.

Катя: Ю Ли, а какая семья у тебя?

Ю Ли: Моя семья — это папа, мама, бабушка, дедушка и я. Вы знаете, что в Китае можно было иметь только одного ребёнка, поэтому у меня нет братьев и сестёр. Сейчас можно иметь двоих детей, но мои родители уже не так молоды, поэтому я один в семье.

Катя: Но зато вы живёте с дедушкой и бабушкой!

Ю Ли: Да! Они меня очень любят и заботятся обо мне.

Катя: Это родители мамы или папы?

Ю Ли: Мамы. Родители папы живут с моим дядей.

Макс: Катя, а у тебя есть бабушки и дедушки?

Катя: Да, есть, конечно. Но они живут не с нами.

Ю Ли: В Китае члены семьи со стороны мамы и со стороны папы имеют разные названия. А как это в России?

Катя: Нет, в России не так. Дедушка — это и папа папы, и папа мамы. Бабушка — это и мама папы, и мама мамы. Братья и сёстры мамы и папы — это дяди и тёти. Их дети — мои двоюродные братья и мои двоюродные сёстры.

Ю Ли: Как хорошо, что у каждого из нас есть семья. Моя семья очень любит и ждёт меня.

Макс: Моя семья тоже!

Катя: Семья — это наше самое главное богатство в жизни.

Ключи к заданиям

1) Когда Максу было 10 лет, его родители развелись.

2) Да, сейчас и у его папы, и у мамы новые семьи.

3) Да, у него есть сестра и брат.

4) Сейчас он учится в университете и живёт в общежитии, а раньше жил с папой и мачехой, но все каникулы проводил с мамой и отчимом.

5) Они живут очень дружно. Ему хорошо и у папы, и у мамы. Ему нравится и его отчим, и его мачеха, и он очень любит своих младших брата и сестру.

6) В семье Ю Ли 5 человек.

7) Нет, потому что в Китае можно было иметь только одного ребёнка.

8) Дедушка и бабушка, которые живут с семьёй Ю Ли, это родители мамы.

9) Да, есть, но они живут не с ними.

10) Нет. Дедушка — это и папа папы, и папа мамы. Бабушка — это и мама папы, и мама мамы. Братья и сёстры мамы и папы — это дяди и тёти. Их дети — двоюродные братья и сёстры.

г. Посмотрите две части видеофильма ещё раз и опишите семьи Ю Ли, Макса и Кати.

д. Обсудите в группе.

1) Отчим — это новый муж мамы.

　　Мачеха — это новая жена папы.

　　Сводный брат — это брат, с которым только один родитель общий — мама или папа.

　　Сводная сестра — это сестра, с которой только один родитель общий — мама или папа.

2) Свободный ответ.

3) «Моя семья — моё богатство»: семья — это самое драгоценное у человека, это самое важное в жизни.

е. Посмотрите видеофильм ещё раз и обратите внимание на следующие слова и выражения, которые часто употребляются в разговорной речи.

1) Да, вы знаете, у нас говорят, если мужчина и женщина долго живут вместе, то они становятся похожи друг на друга.

2) — Мои мама и папа женаты и счастливы вместе уже 30 лет.

　　— Ого! Так долго!

3) — Папа и мама — оба врачи.

　　— Значит, у вас очень здоровая семья!

4) Наверное. К счастью, у нас всех очень хорошее здоровье.

⑯ Посмотрите видеофильм ещё раз и составьте пересказ его сюжета:

— в форме диалогов от первого лица;

— в форме текста от третьего лица.

Креативатор мышления

⑰ Разделитесь на группы и запишите собственные небольшие видеоролики или аудиозаписи (диалоги, тексты) на тему «Семья». Придумайте задания к ним или составьте вопросы. Затем прослушайте их в группе и выполните задания.

ПРОВЕРЬТЕ СЕБЯ!

18 Прослушайте вопросы и напишите ответы.

1) Какая у вас семья?

2) Сколько человек в вашей семье?

3) На кого вы похожи?

4) Чью фамилию вы носите — папы или мамы?

5) Ваша мама — домохозяйка или работает?

6) Кто ваши родители по профессии?

7) Сколько лет вашим родителям?

8) У вас есть брат или сестра?

9) Ваши бабушки и дедушки ещё работают?

10) С кем живут ваши бабушки и дедушки?

11) Ваши прабабушки и прадедушки ещё живы?

12) У вас есть тётя или дядя?

13) У вас есть двоюродные братья и сёстры? Сколько их?

14) У вас есть племянники?

15) У вас есть кошка или собака?

16) Почему в России женщины берут фамилию мужа?

17) Кто такие отчим и мачеха?

18) Что значит многодетная семья?

19) Что значит смешанная семья?

20) Какие пословицы о семье вы знаете?

19 Прослушайте текст и напишите диктант.

У меня очень большая дружная семья. Родители моих бабушек и дедушек — это мои прабабушки и прадедушки. Они ещё живы. Родители моих отца и матери — это мои бабушки и дедушки. Они уже на пенсии. Мой папа женился на моей маме, а моя мама вышла замуж за папу. У них трое детей: я, мой старший брат и моя младшая сестра. Мой старший брат уже женат, у него есть сын и дочь — мои племянники. А моя младшая сестра ещё не замужем. У моих родителей тоже есть родные братья и сёстры. Они — мои дяди и тёти. Их дети — мои двоюродные братья и сёстры. Я очень люблю мою семью, потому что семья — это семь я.

ПОИГРАЕМ!

②⓪ Игра «Снежный ком»

Играет вся группа. Студенты составляют рассказ «Моя семья». Первый студент начинает рассказ, например, «Моя семья большая». Второй студент повторяет его предложение и говорит продолжение, например: «Моя семья большая. В ней 7 человек». Третий студент повторяет предыдущие два предложения и говорит новое третье предложение и так далее.

> Вспомните всё, что вы учили, слушали, видели по этой теме, и попытайтесь рассказать это друг другу по-русски.

УРОК 3
МОЯ УЧЁБА

СЛУШАЙТЕ И ЧИТАЙТЕ!

 а. Слушайте слова и выражения по теме, одновременно читайте и повторяйте их.

> **Совет!** Обратите внимание студентов на разницу между словами «урок / занятие / пара, лекция / семинар, учиться / учить / изучать».
>
> занятие — общее слово: его употребляют и в школе, и в университете,
>
> урок — занятие длительностью 40–45 минут (в школе),
>
> пара — занятие длительностью 1,5 часа (в университете),
>
> лекция — занятие, на котором преподаватель объясняет студентам новую тему, студенты слушают и записывают,
>
> семинар — занятие, на котором преподаватель проверяет, как студенты поняли пройденную тему, студенты отвечают на вопросы преподавателя (обычно в университете),
>
> учиться — *где*? (в университете), *как*? (хорошо), *что делать*? (танцевать),
>
> учить — *что*? (русский язык),
>
> изучать — *что*? (русский язык).
>
> Вариант «учиться русскому языку» является устаревшим и в современном русском языке не употребляется.
>
> **Дополнительное задание:** попросите студентов устно или письменно составить примеры с каждым новым словом. Этот вариант также может стать домашним заданием.

б. Для каждого глагола назовите вторую форму — НСВ или СВ.

учиться — выучиться
учить — выучить
изучать — изучить

повторять — повторить
поступать — поступить
оканчивать — окончить

в. Для каждого существительного назовите вторую форму — единственного или множественного числа.

университет — университеты
факультет — факультеты

курс — курсы
группа — группы

аудитория — аудитории	стипендия — стипендии
предмет — предметы	общежитие — общежития
занятие — занятия	билет — билеты
пара — пары	книжка — книжки
лекция — лекции	оценка — оценки
семинар — семинары	балл — баллы
экзамен — экзамены	

СЛУШАЙТЕ И ПИШИТЕ!

 а. Прослушайте выражения и напишите их.

окончить школу	сдавать экзамены
поступить в университет	учить новые слова
учиться на факультете русского языка	делать упражнения
учиться на первом курсе	слушать русскую речь
посещать все занятия	переводить тексты
пропускать занятия	делать домашнее задание
контрольная работа	заниматься в библиотеке
получать стипендию	получить пятёрку
жить в общежитии	

Совет! Обратите внимание студентов на разницу между выражениями «сдавать экзамены» и «сдать экзамены»: процесс «я сдавал экзамены» и результат «я сдал / не сдал экзамен». Например: — Сегодня утром я сдавал экзамен. — Я тоже. — Ну и как результат? — Сдал, получил пятёрку. А ты? — А я не сдал, придётся пересдавать.

6. Прослушайте выражения ещё раз, прочитайте и повторите их.

| **Совет!** | После прослушивания вы можете задать несколько вопросов с этими словами, чтобы студенты повторили данную лексику в |

речи. Например:

Где ты сейчас учишься?

Ты учишься на факультете русского языка?

Ты посещаешь все занятия? Или ты часто пропускаешь занятия?

Где ты живёшь?

Ты делаешь домашнее задание каждый день?

... и так далее. Фантазируйте!

③ Прослушайте диалоги и вставьте пропущенные слова.

——— Диалог 1 ———

— Где ты учишься?

— В университете.

— На каком факультете?

— На факультете русского языка.

— А на каком курсе?

— На первом.

— Сколько человек у вас в группе?

— 33.

— Очень много! Я учусь на факультете французского языка, у нас в группе только 10 человек.

— Потому что ты учишься в России, а я — в Китае. У нас всегда много человек и в группах, и в классах.

——— Диалог 2 ———

— Теперь я студент!

— Поздравляю тебя!

— Вчера нам выдали студенческие билеты и зачётные книжки.

— Сколько у вас занятий?

— Достаточно много: и лекции, и семинары, и практические занятия.

— Что вы делаете на занятиях?

— Учим новые слова, читаем тексты, слушаем русскую речь, переводим предложения.

— И конечно, есть <u>домашние задания</u>?

— Конечно!

Совет! Вы можете прослушать диалоги ещё раз и повторить каждую фразу (в парах, в группах, все вместе).

---

④ а. Прослушайте пары слов и впишите их в подходящую колонку таблицы.

ШКОЛА	УНИВЕРСИТЕТ
школьник	студент
учитель	преподаватель
класс	курс
класс	группа
одноклассник	одногруппник
первоклассник	первокурсник
младшеклассник	младшекурсник
старшеклассник	старшекурсник
урок	пара
класс	аудитория
аттестат	диплом

б. Сравните вашу учёбу в школе и в университете по образцу:

В школе мы / нам / у нас..., а в университете мы / нам / у нас...

⑤ а. Прочитайте названия предметов, которые изучают в школе и в университете.

б. Что ещё вы изучаете в университете?

Свободный ответ.

в. Выберите одну профессию и скажите, какие предметы необходимо изучать для этой профессии.

Свободный ответ.

Совет! Вы можете сначала спросить у студентов, какие профессии они знают, и записать их на доске, а затем попросить выбрать одну профессию.

6 а. Прослушайте русские пословицы и попытайтесь их записать. Затем объясните их значение.

1) Учиться всегда пригодится.

Учиться никогда не поздно: это полезно в любом возрасте.

2) Век живи — век учись.

Каким бы умным и опытным ни был человек, в жизни всегда найдётся что-то, чего он ещё не знает. Поэтому человек должен продолжать учиться всю жизнь, оставаться всегда открытым новым знаниям.

3) Ученье — свет, а неученье — тьма.

Учиться — это хорошее, очень важное дело, а быть глупым, необразованным человеком очень плохо.

4) Знание — сила.

Только имея знания, можно выиграть на жизненном пути.

5) Повторение — мать учения.

Чем больше мы повторяем изученный материал, тем лучше мы запоминаем его.

б. Какая пословица вам нравится больше всего? Почему?

Свободный ответ.

в. Придумайте небольшой рассказ с использованием одной из пословиц.

Свободный ответ.

Совет! Вы можете попросить студентов вспомнить китайские эквиваленты данных пословиц, если таковые имеются.

СЛУШАЙТЕ И ГОВОРИТЕ!

 Прослушайте диалоги и выберите правильный вариант ответа.

———————— Диалог 1 ————————

— Антон, почему ты такой грустный?

— Не сдал экзамен.

— То есть ты получил двойку?

— Да...

— А почему?

— Ты знаешь, учёба в университете отличается от школы: здесь нет строгого контроля со стороны родителей и преподавателей, поэтому я почувствовал свободу и посещал не все занятия.

— А как остальные экзамены?

— Тоже плохо. Ещё один экзамен сдал на двойку, а остальные — на тройки.

— Ну вот видишь, ты же сам виноват. Не ходил на занятия, не делал домашние задания.

— Да, теперь я всё понял. Учиться в университете не так просто.

———————— Диалог 2 ————————

— Наташа, стой! Куда ты так спешишь?

— Ой, привет, Дима. Бегу на экзамен. Сегодня у нас экзамен по грамматике. Я очень волнуюсь!

— Не волнуйся! Ты же умница! Всегда учишься очень хорошо. Ты обязательно сдашь!

— Грамматика даётся мне с трудом...

— Но ведь ты готовилась к экзамену, да?

— Да, всю ночь не спала, учила. А ваша группа сдала уже все экзамены?

— Нет, ещё не все. Завтра последний.

— Понятно. Ну ладно, я побежала, а то опоздаю.

— Пока! Удачи!

— Спасибо!

—————— Диалог 3 ——————

— Ваня, привет!

— Привет, Саша.

— Как дела? Почему ты такой радостный?

— Сегодня нам объявили оценки по контрольной работе. Я получил пятёрку!

— Молодец! Поздравляю!

— Спасибо! А ты как?

— У нас скоро экзамены. Если сдам все экзамены хорошо, буду получать стипендию.

— Ты обязательно сдашь хорошо, ведь ты постоянно занимаешься в библиотеке, я часто вижу тебя там.

— Я живу в общежитии, у нас в комнате 3 человека, иногда бывает шумно, поэтому часто сижу в библиотеке.

— Понимаю тебя.

— Желаю тебе удачи на экзаменах.

Ключи к заданиям

1) А 2) В 3) А 4) Г 5) Г 6) В

Совет! Объясните студентам употребление русских выражений «умница», «молодец», «даваться с трудом», «удачи».

Дополнительные задания:

1) Работа в парах или мини-группах: составить или написать подобные диалоги.

2) Разыграть собственные диалоги друг с другом или перед всей группой.

---

8 Прослушайте текст и ответьте на вопросы.

Текст

Меня зовут Вильям. Я женат, и у меня есть сын. Я очень люблю свою семью, а ещё я люблю иностранные языки. Мой родной язык — английский. Я говорю ещё по-немецки, по-французски, по-китайски и недавно начал учить русский язык. Мой сын Генри решил изучать русский язык в университете, а я как раз думал, какой новый иностранный язык мне начать учить. И тогда я тоже решил выбрать русский. Этот язык совсем не похож на английский, немецкий или французский, тем более не похож на китайский, поэтому иногда он даётся мне с трудом. Зато русский язык очень красивый, мелодичный и богатый. Я очень хочу его выучить!

Мой сын Генри изучает русский язык уже три года, а я только три месяца. Конечно, он уже неплохо говорит по-русски, а я ещё плохо читаю и пишу с ошибками.

Генри помогает мне делать домашние задания: объясняет грамматику, делает со мной упражнения, слушает, как я читаю и перевожу тексты. Ещё он задаёт мне вопросы, а я отвечаю. Мой сын контролирует моё обучение.

Ключи к заданиям

1) Вильям любит свою семью и иностранные языки.
2) Его родной язык — английский.
3) Он говорит ещё по-немецки, по-французски, по-китайски и сейчас учит русский язык.
4) Его сын Генри решил изучать русский язык в университете, а он как раз думал, какой новый иностранный язык ему начать учить. И тогда он тоже решил выбрать русский.
5) Вильям считает, что русский язык очень красивый, мелодичный и богатый.
6) Он учит русский язык три месяца.
7) Его сын учит русский язык три года.
8) Он ещё плохо читает и пишет с ошибками.
9) Да, он помогает.
10) Сын помогает ему делать домашние задания: объясняет грамматику, делает с ним упражнения, слушает, как он читает и переводит тексты. Ещё Генри задаёт отцу вопросы, а он отвечает.

Совет!

Дополнительные задания:
1) Вы можете попросить пересказать этот текст.
2) Вы можете спросить у студентов, говорят ли их родители на иностранных языках, как они сами говорят по-русски, сколько они уже изучают русский язык, каким они считают русский язык.

9 **Прослушайте текст и составьте собственные вопросы к нему. Затем задайте их друг другу.**

В России, как и в Китае, очень много разных университетов. Каждый большой город обязательно имеет свой университет. Конечно, самые известные университеты — это Московский государственный университет (МГУ) и Санкт-Петербургский государственный университет (СПбГУ), потому что они находятся в двух самых больших городах России. Но в других городах России тоже есть очень много больших хороших университетов. МГУ и СПбГУ — это университеты, в которых много разных факультетов, где студенты изучают гуманитарные и естественные науки. Есть ещё специальные университеты — например, лингвистические, педагогические, медицинские, экономические, технические и так далее.

Совет! **Дополнительные задания:**
1) Текст также можно пересказать или показать его на экране компьютера и читать вместе с аудиозаписью, работая над произношением.
2) Вы можете спросить у студентов, какие ещё российские университеты они знают. Если они пока ещё не знают, вы можете дать им названия других российских университетов, чтобы они самостоятельно образовали их аббревиатуры:
Московский государственный институт международных отношений, Российский университет дружбы народов, Государственный институт русского языка, Казанский федеральный университет, Воронежский государственный университет, Новосибирский государственный университет, Южный федеральный университет, Дальневосточный федеральный университет и т.д.

10 **Прослушайте текст и перескажите его, используя опорные слова.**

Московский государственный университет имени М. В. Ломоносова — один из самых больших университетов в России, один из центров российской науки и культуры. МГУ имеет около 45 факультетов. Университет был создан в 1755 году и назван в честь Михаила Васильевича Ломоносова — великого русского учёного. Ломоносов был не только физиком и химиком, но ещё и поэтом, филологом, географом, историком. Александр Сергеевич Пушкин так сказал о нём: «Ломоносов был великий человек. Он создал первый университет. Он, лучше сказать, сам был первым нашим университетом».

Совет! Обратите внимание студентов на то, что в названиях университетов первое слово пишется с большой буквы, все остальные — с маленькой.

Дополнительные задания:

Вы можете спросить у студентов, знают ли они Ломоносова и Пушкина.

⑪ Прослушайте вопрос и обсудите его в группе.

В одном известном русском стихотворении говорится: «Есть такая нация — студенты. Весёлый и особенный народ!» Почему в стихотворении так говорится? Что значат эти слова?

Эта фраза имеет следующий смысл: студенты всех времён и народов похожи друг на друга — они мало спят, мало едят, много учатся, сидят в библиотеке, учатся жить без родителей и умеют весело отдыхать. Поэтому автор стихотворения (поэт Эдуард Асадов) шутливо объединяет студентов всего мира в отдельную нацию.

⑫ Обсудите в парах следующие темы:

1) учёба в школе;

2) учёба в университете;

3) экзамены.

⑬ а. Посмотрите на картинку и опишите её.

б. Составьте диалоги по этой картинке.

14 Посмотрите на картинку и составьте небольшой рассказ.

Совет! **Примерные опорные слова:** студенты, лекция, слушать преподавателя, записывать, спать, утро, ночь.

СМОТРИТЕ!

15 а. Обратите внимание на новые слова и словосочетания, которые встретятся в видеофильме «Два, три, четыре, пять, окно, хвост!».

б. Посмотрите первую часть видеофильма и словами «да» или «нет» ответьте, соответствуют ли содержанию данные фразы.

Два, три, четыре, пять, окно, хвост! (1)

Катя: Макс! Ю Ли! Привет! Как дела?

Макс: Спасибо, всё хорошо. А у тебя?

Катя: И у меня тоже. Ну, как ваши первые занятия? Трудно?

Ю Ли: Нет, не трудно, интересно!

Катя: Уже получили какие-нибудь оценки?

Макс: Ещё нет.

Катя: Тогда я должна вам рассказать. В России есть оценки от 1 до 5. 5 — это самая высокая оценка, а 1, 2 — самые низкие.

Ю Ли: У вас так мало оценок! У нас в Китае самая высокая оценка — 100 баллов.

Катя: Да, у нас особенная система. Оценка «пять» называется «отлично». «Четыре» — «хорошо». «Три» — «удовлетворительно». «Два» — «неудовлетворительно».

Макс: А «один»?

Катя: Эту отметку ставят редко, обычно ставят двойку. Вы уже получили ваши студенческие билеты и зачётные книжки?

Ю Ли: Да, получили.

Катя: В зачётные книжки преподаватели будут ставить ваши оценки на экзаменах.

Макс: А сколько раз в год экзамены?

Катя: Два раза в год.

Макс: А сколько по времени идут экзамены?

Катя: Три недели или месяц.

Ю Ли: А сколько по времени идут зимние и летние каникулы?

Катя: Зимние — только две недели, а летние — почти два месяца.

Макс: Две недели?! Я надеялся, зимние каникулы тоже два месяца!

Катя: Учиться всегда нелегко, но это всегда пригодится.

Ключи к заданиям

1) Нет	2) Да	3) Нет	4) Нет	5) Да	6) Да
7) Нет	8) Да	9) Нет	10) Да	11) Да	12) Да
13) Нет	14) Нет	15) Да			

 Совет! Дополнительным заданием может стать объяснение отрицательных ответов (нет).

в. Посмотрите вторую часть видеофильма и ответьте на вопросы.

Два, три, четыре, пять, окно, хвост! (2)

Макс и Ю Ли: Катя, привет!

Катя: Привет, ребята!

Макс: Ты идёшь на занятие?

Катя: Нет, у меня окно.

Ю Ли: Окно? Что это (значит)?

Макс: И у меня окно. Во всех домах есть окна. В университете много окон.

Катя: Нет, это другое значение слова «окно».

Макс: Какое?

Катя: Окно — это время между парами, когда у вас нет пары.

Ю Ли: Что-что? Повтори, пожалуйста!

Катя: Смотри, например, у тебя есть пара в 8 часов и есть пара в 12 часов, а в 10 часов пары нет. Значит, в 10 часов у тебя окно. Поняли?

Макс и Ю Ли: Теперь поняли!

Ю Ли: А знаешь, я ещё часто слышу в разговорах русских студентов «мне надо сдать хвосты». Какие хвосты? Мы же не животные!

Катя: Ты прав! Это тоже другое значение слова «хвост». Хвост — это экзамен, который студент не сдал во время сессии и теперь будет сдавать его ещё раз, то есть пересдавать экзамен.

Макс: А у тебя есть хвосты?

Катя: Нет, я стараюсь учиться без хвостов, я стараюсь сдавать все экзамены с первого раза. А у вас?

Ю Ли: Мы здесь ещё не сдавали экзамены, а в Китае у меня нет хвостов.

Макс: У меня тоже нет.

Катя: Смотрите, ещё мы чаще говорим слово «пара», чем «занятие», а университет называем «универом». Например: Ты куда идёшь? — В универ, у меня пара.

Ю Ли: Понятно!

Катя: У студентов много таких слов. Сегодня вы выучили только несколько новых студенческих слов.

Макс: Да, но сколько слов мы ещё не знаем!

Ю Ли: Русские правильно говорят: век живи — век учись!

Ключи к заданиям

1) Нет, у неё окно, нет занятия.
2) Окно — это время между парами, когда нет пары.
3) Хвост — это экзамен, который студент не сдал во время сессии и должен сдавать его ещё раз, то есть пересдавать экзамен.
4) Нет, у них нет хвостов.
5) Студенты чаще говорят слово «пара», чем слово «занятие», а университет называют «универом».

г. Посмотрите две части видеофильма ещё раз и объясните.

1) Универ — это университет.

Пара — это занятие, которое длится полтора (1,5) часа.

Окно — это время между парами, когда нет пары.

Оценка — это баллы, которые преподаватели ставят студентам.

«Отлично» — это пятёрка.

«Хорошо» — это четвёрка.

«Удовлетворительно» — это тройка.

«Неудовлетворительно» — это двойка.

Студенческий билет — это документ студента.

Зачётная книжка — это книжка, в которую преподаватели ставят оценки на экзаменах.

Хвост — это экзамен, который студент не сдал во время сессии и должен сдавать его ещё раз, то есть пересдавать экзамен.

2) «Учиться всегда нелегко, но это всегда пригодится» — учиться трудно, но это очень важно и нужно.

3) «Век живи — век учись» — мы должны всю жизнь учиться, и в этом процессе всегда узнаём что-то новое.

д. Обсудите в группе учёбу в России и в Китае.

е. Посмотрите две части видеофильма ещё раз и обратите внимание на следующие слова и выражения, которые часто употребляются в разговорной речи.

1) Ну, как ваши первые занятия?
2) Что-что? Повтори, пожалуйста!

3) — Мы же не животные!
　 — Ты прав!

16 **Посмотрите видеофильм ещё раз и составьте пересказ его сюжета:**

— в форме диалогов от первого лица;

— в форме текста от третьего лица.

Креативатор мышления

17 **Разделитесь на группы и запишите собственные небольшие видеоролики или аудиозаписи (диалоги, тексты) на тему «Учёба в университете».
Придумайте задания к ним или составьте вопросы. Затем прослушайте
их в группе и выполните задания.**

ПРОВЕРЬТЕ СЕБЯ!

18 **Прослушайте вопросы и напишите ответы.**

1) Где ты сейчас учишься?

2) Как называется твой университет?

3) Тебе нравится твой университет? Почему?

4) На каком факультете ты учишься?

5) Что ты изучаешь?

6) Почему ты выбрал факультет русского языка?

7) На каком курсе ты учишься?

8) В какой группе ты учишься?

9) Ты учишься каждый день? Сколько пар у тебя в день?

10) Ты часто пропускаешь занятия?

11) Какие предметы ты изучаешь?

12) Какие предметы тебе нравятся больше всего? Почему?

13) Какие предметы тебе не нравятся? Почему?

14) Что ты делаешь на занятиях?

15) Вы сдаёте экзамены? Когда?

16) Ты часто занимаешься в библиотеке?

17) Что ты делаешь в библиотеке?

18) Ты получаешь стипендию?

19) Где ты живёшь сейчас?

20) Учиться в университете легко или трудно? Почему?

🎧 Прослушайте текст и напишите диктант.

Я студент. В прошлом году я поступил в университет иностранных языков. Он называется так, потому что в нём изучают только иностранные языки — английский, французский, немецкий, испанский, итальянский, китайский, японский, корейский и ещё много других языков. Я выбрал факультет русского языка. Сейчас я учусь на первом курсе и изучаю русский язык уже полгода. В моей группе 30 человек. Конечно, девочек больше, чем мальчиков. Но для меня это не важно, потому что моя мечта — стать переводчиком и путешествовать по всему миру. Поэтому я учусь серьёзно: не пропускаю занятия и сдаю экзамены очень хорошо. Каждый день я читаю, пишу, говорю по-русски, слушаю русскую речь, учу новые слова, перевожу тексты и делаю все домашние задания. Я иду к своей мечте и не боюсь трудностей в учёбе, ведь знание — это сила!

ПОИГРАЕМ!

20 Игра «Да и нет?»

Каждая команда готовит список предложений на тему «Учёба», например: «В учебном году два семестра» / «Экзамены три раза в год», и зачитывает этот список. Другая команда должна отвечать быстро «да» или «нет».

Вспомните всё, что вы учили, слушали, видели по этой теме, и попытайтесь рассказать это друг другу по-русски.

УРОК 4

ВРЕМЯ

04

СЛУШАЙТЕ И ЧИТАЙТЕ!

 1 а. Слушайте слова по теме, одновременно читайте и повторяйте их.

> **Совет!** Обратите внимание студентов на то, что четверть — это 15 минут, сутки — 24 часа, а слова «часы» и «час» имеют разное значение.
> **Дополнительное задание:** попросите студентов устно или письменно составить примеры с каждым новым словом. Этот вариант также может стать домашним заданием.

б. Для каждого существительного назовите форму множественного числа.

час — часы	неделя — недели
минута — минуты	день — дни
секунда — секунды	утро — утра
четверть — четверти	вечер — вечера
половина — половины	ночь — ночи
месяц — месяцы	

> **Совет!** Обратите внимание студентов на то, что слово «время» в значении «который час?» и слово «полчаса» не имеют формы множественного числа, а слова «часы» и «сутки» не имеют формы единственного числа.

СЛУШАЙТЕ И ПИШИТЕ!

 2 а. Прослушайте выражения и напишите их.

Сколько сейчас времени?	Который час?

Во сколько?	выходной день
В котором часу?	на выходных
Когда?	Какое сегодня число?
в половине восьмого	Какого числа?
без четверти восемь	восемь часов утра
день недели	три часа дня
будний день	восемь часов вечера
рабочий день	три часа ночи

Совет! Обратите внимание студентов на разницу между: 1) «сколько сейчас времени / который час» и «во сколько / в котором часу»; 2) «какое сегодня число» и «какого числа»; а также на то, что «будний = рабочий».

б. Прослушайте выражения ещё раз, прочитайте и повторите их.

Совет! После прослушивания вы можете задать несколько вопросов с этими словами, чтобы студенты повторили данную лексику в речи. Например:
Сейчас день или ночь?
Сколько сейчас времени?
Какое сегодня число?
... и так далее. Фантазируйте!

3 а. Прослушайте названия месяцев и напишите их в правильном порядке.

апрель, январь, июнь, сентябрь, февраль, март, октябрь, август, май, ноябрь, июль, декабрь

Месяц	Когда? (в чём)
1) январь	в январе
2) февраль	в феврале
3) март	в марте
4) апрель	в апреле

Месяц	Когда? (в чём)
5) май	в мае
6) июнь	в июне
7) июль	в июле
8) август	в августе
9) сентябрь	в сентябре
10) октябрь	в октябре
11) ноябрь	в ноябре
12) декабрь	в декабре

б. Самостоятельно напишите ответы на вопрос «когда?». Затем прослушайте запись и проверьте себя.

в. Скажите:

— в каком месяце ваш день рождения;

— в каком месяце у вас зимние и летние каникулы;

— какой месяц вам нравится больше всего и почему.

 **а. Прослушайте названия дней недели и напишите их в правильном порядке.**

понедельник, среда, суббота, четверг, вторник, пятница, воскресенье

День недели	Когда?
1) понедельник	в понедельник
2) вторник	во вторник
3) среда	в среду
4) четверг	в четверг
5) пятница	в пятницу
6) суббота	в субботу
7) воскресенье	в воскресенье

б. Самостоятельно напишите ответы на вопрос «*когда*?». Затем прослушайте запись и проверьте себя.

в. Скажите:

— какие дни недели — это будние дни;

— какие дни недели — это выходные дни;

— в какие дни вы учитесь;

— в какие дни у вас выходные;

— какой день недели вам нравится больше всего и почему.

Совет! Обратите внимание студентов на разницу в употреблении данных существительных с предлогом при ответе на вопрос «когда?» (окончание -е в месяцах и разные окончания в днях недели) и на то, что со словом «вторник» предлог «в» добавляет себе букву «о».

5 **а. Найдите правильные ответы и соедините их.**

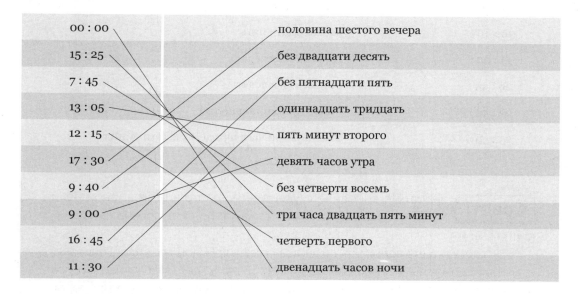

00 : 00	половина шестого вечера
15 : 25	без двадцати десять
7 : 45	без пятнадцати пять
13 : 05	одиннадцать тридцать
12 : 15	пять минут второго
17 : 30	девять часов утра
9 : 40	без четверти восемь
9 : 00	три часа двадцать пять минут
16 : 45	четверть первого
11 : 30	двенадцать часов ночи

🎧 б. Прослушайте запись и напишите время цифрами.

три часа ночи	3 : 00
половина седьмого утра	6 : 30
два часа дня	14 : 00
без четырёх семь	18 : 56 / 6 : 56
двадцать сорок пять	20 : 45
без четверти девять	20 : 45 / 8 : 45
три минуты восьмого	19 : 03 / 7 : 03
без десяти десять	21 : 50 / 9 : 50
пятнадцать минут первого	00 : 15 / 12 : 15
двадцать два тридцать	22 : 30

🎧 в. Самостоятельно напишите время словами, затем прослушайте запись и проверьте себя.

6 : 00	шесть часов утра
7 : 05	пять минут восьмого
9 : 15	пятнадцать минут десятого
12 : 22	двенадцать часов двадцать две минуты
14 : 30	полтретьего
16 : 40	без двадцати пять
19 : 00	семь часов вечера
20 : 45	без четверти девять
22 : 50	без десяти одиннадцать
23 : 58	двадцать три часа пятьдесят восемь минут

Совет! Обратите внимание студентов на то, что в разговорной речи часто используется не «половина», а «пол-»: половина третьего = полтретьего.

Вы также можете попросить студентов сказать время из всех трёх заданий (а, б, в) всеми возможными способами, например: 16 : 45 — шестнадцать часов сорок пять минут (шестнадцать сорок пять), четыре часа сорок пять минут (четыре сорок пять), без пятнадцати пять, без четверти пять.

6 **а. Прослушайте текст и напишите, какого числа и в каком месяце родились знаменитые люди.**

Конфуций и Лев Толстой родились в сентябре: Конфуций — 28 сентября, а Толстой — 9. Михаил Ломоносов и Фёдор Достоевский родились в ноябре: Ломоносов — 19 ноября, а Достоевский — 11. Александр Пушкин и Ян Ливэй родились в июне: Пушкин — 6 июня, Ян Ливэй — 21. Максим Горький и Юрий Гагарин родились в марте: Горький — 28 марта, а Гагарин — 9. Антон Чехов родился 29 января. А когда родились вы?

Великие и знаменитые люди	День рождения
Конфуций	28 сентября
Михаил Ломоносов	19 ноября
Александр Пушкин	6 июня
Фёдор Достоевский	11 ноября
Лев Толстой	9 сентября
Антон Чехов	29 января
Максим Горький	28 марта
Юрий Гагарин	9 марта
Ян Ливэй	21 июня

Совет! Дополнительной практикой может стать следующее задание: вы можете вызвать к доске одного студента, который будет записывать дни рождения других студентов, сказанные ими самими.

б. Скажите:

— какое сегодня число;

— какое число было вчера / позавчера;

— какое число будет завтра / послезавтра.

7 **a. Прослушайте русские пословицы и попытайтесь их записать. Затем объясните их значение.**

1) Время не ждёт.

   Бывают ситуации, в которых нельзя медлить, а необходимо действовать срочно.

2) Время — деньги.

   Потеря времени равна потере денег, которые можно было бы заработать за это время.

3) Всему своё время.

   Не нужно пытаться получить что-либо обязательно сейчас, ведь успех приходит с годами.

б. Какая пословица вам нравится больше всего? Почему?

   Свободный ответ.

в. Придумайте небольшой рассказ с использованием одной из пословиц.

Совет!	Вы можете попросить студентов вспомнить китайские эквиваленты данных пословиц, например: 光阴一去不复返；一寸光阴一寸金，寸金难买寸光阴；万物皆有时.

СЛУШАЙТЕ И ГОВОРИТЕ!

8 **Прослушайте диалоги и выберите правильный вариант ответа.**

——————— Диалог 1 ———————

— Который час сейчас?

— Половина седьмого.

— Так рано! Тогда я ещё посплю.

— Разве тебе не надо идти на работу?

— Нет, у меня сегодня выходной.

—————— Диалог 2 ——————

— Оля, в кинотеатре сейчас идёт интересный фильм. Не хочешь сходить?

— Хочу! А когда?

— Сегодня.

— Нет, сегодня я не могу. Давай завтра.

— А завтра я не могу.

— Ну, тогда послезавтра?

— Хорошо, давай послезавтра. Фильм начинается в восемь часов. Когда мы встретимся?

— Давай в половине восьмого.

— Хорошо!

—————— Диалог 3 ——————

— Анна, когда начинаются твои занятия?

— В понедельник, вторник и четверг в восемь часов, а в среду, пятницу и субботу — в десять.

— Ты учишься в субботу?!

— Да, в субботу тоже.

— А когда у тебя выходной?

— В воскресенье. А у тебя, Олег?

— У меня в субботу, воскресенье и понедельник.

— Ты счастливый!

—————— Диалог 4 ——————

— Таня, я давно тебя не видел. Давай встретимся на выходных.

— Давай. Когда? В субботу или в воскресенье?

— Как ты хочешь?

— Давай в субботу?

— Хорошо. Во сколько?

— В шесть часов вечера.

— Замечательно. До встречи!

— До встречи!

Ключи к заданиям

1) Б   2) В   3) А   4) Г   5) В   6) В

> **Совет!** Обратите ещё раз внимание студентов на то, что официально выходными днями считаются суббота и воскресенье, но у каждого человека могут быть и другие выходные дни в зависимости от профессии и места работы.
>
> **Дополнительные задания:**
> 1) Работа в парах или мини-группах: составить или написать подобные диалоги.
> 2) Разыграть собственные диалоги друг с другом или перед всей группой.

9 🎧 **Прослушайте текст и ответьте на вопросы.**

День и ночь — это сутки. В сутках 24 часа. Чтобы узнать точное время, мы смотрим на часы. Они бывают разные. Сейчас у всех людей есть мобильный телефон, и в телефоне есть часы. Но каждый раз смотреть в телефон неудобно, поэтому есть и другие часы. Например, у всех есть часы дома. Они обычно висят на стене или стоят на столе. Это настенные и настольные часы. Многие люди любят носить часы на руке. Это наручные часы. Утром мы просыпаемся рано, чтобы идти на учёбу или на работу. Но многие не умеют просыпаться сами, поэтому их будят часы. Такие часы, которые нас будят, называются будильник. В России на Красной площади на одной из башен Кремля тоже есть часы. Это главные часы страны. Они называются куранты.

Ключи к заданиям

1) Мы смотрим на часы, чтобы узнать время.
2) Часы бывают разные, например, настенные часы, настольные часы, наручные часы, часы в мобильном телефоне.
3) Настенные часы.
4) Настольные часы.
5) Наручные часы.
6) Будильник.
7) Куранты.
8) Куранты находятся на Красной площади на одной из башен Кремля.

Прослушайте текст и перескажите его, используя нижеследующую таблицу.

Россия — очень большая страна. Когда в одной части России ещё ночь, в другой части уже утро, поэтому в разных городах России разное время. Вся страна разделена на 11 часовых поясов. Самым главным считается московское время, потому что Москва — столица России. Например, когда в Москве 9 часов утра, в Екатеринбурге 11 часов, в Калининграде 8 часов утра, во Владивостоке — 4 часа дня, а на Камчатке — 6 часов вечера.

Прослушайте предложение и обсудите его в группе.

Говорят, что время — великий учитель и лучший врач. Как вы понимаете эти слова? Что они обозначают?

Эта фраза имеет следующий смысл: время приносит нам жизненный опыт, который и учит нас жизни; время также залечивает наши обиды и душевные раны, потому что с течением времени плохое забывается.

Обсудите следующие вопросы в парах:

1) Сколько часовых поясов в России и в Китае?
2) Когда восходит и заходит солнце в ваших провинциях в разные времена года?
3) Какие месяцы считаются зимой, весной, летом и осенью в Китае?

13 а. Посмотрите на картинку и опишите её.

б. Составьте диалоги по этой картинке.

14 Посмотрите на картинку и составьте небольшой рассказ.

> **Совет!** Чтобы составить рассказ, сначала вы можете записать опорные слова на доске.
>
> **Примерные опорные слова:** человек, часы, время, спешить, бежать, быстро, ждать, стоять, идти, медленно.
>
> Смысл этих двух картинок заключается в следующем: время бежит, когда мы спешим куда-то, и стоит, когда мы ждём кого-то или чего-то.

СМОТРИТЕ!

⑮ а. Обратите внимание на новые слова и словосочетания, которые встретятся в видеофильме «Который час?».

б. Посмотрите первую часть видеофильма и словами «да» или «нет» ответьте, соответствуют ли содержанию данные фразы.

Который час? (1)

Макс: Ну, где же Катя? Мы ждём её уже так долго!

Ю Ли: А сколько сейчас времени?

Макс: *(Смотрит на наручные часы)* Сейчас... ой, кажется, мои часы стоят. *(Достаёт телефон)* Сейчас без десяти шесть.

Ю Ли: Нет, твои часы спешат на 5 минут. Сейчас без пятнадцати.

Макс: Мои часы идут точно, твои часы отстают.

Ю Ли: Нет, мои часы идут точно. Твои часы спешат.

Макс: Отстают!

Ю Ли: Спешат!

Макс: Отстают!

Катя: Что случилось? Почему вы кричите?

Макс: О, Катя, привет!

Ю Ли: Привет, Катя!

Катя: Привет!

Макс: Скажи, сколько сейчас времени. Точно.

Катя: Сейчас пятьдесят одна минута шестого.

Макс: Вот видишь, мои часы идут точно!

Катя: Простите, я опоздала на 5 минут.

Макс: На 5 минут?! Мы ждём тебя тут уже полчаса!

Катя: Как полчаса?! Ты же сам сказал мне вчера, без пятнадцати шесть.

Макс: Я сказал?!

Катя: Ты.

Макс: Не может быть!

Ю Ли: Макс, кажется, ты плохо выучил тему «Время»: не без пятнадцати шесть, а пятнадцать минут шестого.

Макс: Ой, кажется, я ошибся...

Ю Ли: Не кажется, а точно.

Макс: Прости, Катя!

Катя: За что? Это вы меня ждали, а не я вас.

Макс: Прости, Ю Ли...

Ю Ли: Ладно, ничего страшного. Твои часы идут точно, но ты ошибся.

Катя: Ну, идём в кафе?

Макс и Ю Ли: Идём!

Ключи к заданиям

1) Да	2) Да	3) Да	4) Нет	5) Нет	6) Нет
7) Нет	8) Нет	9) Да	10) Да	11) Нет	12) Нет
13) Да	14) Да	15) Нет			

 Дополнительным заданием может стать объяснение отрицательных ответов (нет).

в. Посмотрите вторую часть видеофильма и ответьте на вопросы.

Который час? (2)

Катя: Кстати, Макс, хотела тебе сказать. Вчера ты сказал мне: без пятнадцати шесть после обеда. Мы так не говорим.

Макс: А как надо?

Катя: Мы говорим вечера. Без пятнадцати шесть вечера.

Макс: А что, вечер начинается уже в 5 часов?

Катя: Да.

Макс: А когда тогда после обеда?

Катя: Мы так не говорим. Мы говорим только утро, день, вечер и ночь.

Ю Ли: Например?

Катя: Например, с 4 часов до 12 — это утро: 4 часа утра, 9 часов утра, 11 часов утра.

Макс: Какое долгое утро!

Катя: С 12 до 17 — это день, например, 12 часов дня, 2 часа дня, 4 часа дня.

Ю Ли: Какой короткий день!

Катя: С 17 до 12 — это вечер, например, 5 часов вечера, 9 часов вечера, 11 часов вечера.

Макс: Вечер тоже долгий!

Катя: А с 12 до 3 часов — это ночь, например, 12 часов ночи, час ночи, три часа ночи.

Ю Ли: А ночь тоже короткая!

Катя: Конечно, мы используем эти слова — утро, день, вечер и ночь, когда говорим время от 1 до 12: например, один, три, пять, восемь, двенадцать часов. Но когда мы говорим пятнадцать часов, семнадцать часов, двадцать три часа, то использовать эти слова не надо, ведь и так понятно, какое время суток. Теперь поняли?

Макс: Да! Теперь понятно!

Ю Ли: Спасибо тебе! Ты опять научила нас чему-то новому и интересному.

Катя: Я рада.

Ключи к заданиям

1) Без пятнадцати шесть после обеда.

2) Нет, Макс сказал неправильно. Нужно сказать: без пятнадцати шесть вечера.

3) В России утро — это 4-11 часов, день — это 12-16 часов, вечер — это 17-23 часа, ночь — это 00—3 часа.

4) Слова «утро», «день», «вечер» и «ночь» можно добавлять, когда говорят время от 1 до 12: например, один, три, пять, восемь, двенадцать часов.

5) Когда говорят пятнадцать часов, семнадцать часов, двадцать три часа, то использовать эти слова не надо, ведь и так понятно, какое время суток.

г. Посмотрите видеофильм ещё раз и обсудите в группе.

1) Часы стоят — часы не идут.

Часы спешат — часы показывают больше времени, чем должно быть.

Часы отстают — часы показывают меньше времени, чем должно быть.

2) В России:

Утро — 4-11 часов.

День — 12-16 часов.

Вечер — 17-23 часа.

Ночь — 0-3 часа.

д. Посмотрите видеофильм ещё раз и обратите внимание на следующие слова и выражения, которые часто употребляются в разговорной речи.

1) Ой, кажется, мои часы стоят.

2) О, Катя, привет!

3) — Сейчас пятьдесят одна минута шестого.

— Вот видишь, мои часы идут точно!

4) — Ой, кажется, я ошибся...

— Не кажется, а точно.

5) — Прости, Ю Ли...

— Ладно, ничего страшного.

16 Посмотрите видеофильм ещё раз и составьте пересказ его сюжета:

— в форме диалогов от первого лица;

— в форме текста от третьего лица.

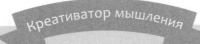

Креативатор мышления

17 Разделитесь на группы и запишите собственные небольшие видео-ролики или аудиозаписи (диалоги, тексты) на тему «Время». Придумайте задания к ним или составьте вопросы. Затем прослушайте их в группе и выполните задания.

ПРОВЕРЬТЕ СЕБЯ!

18 Прослушайте вопросы и напишите ответы.

1) Какой сегодня день?

2) Какой день был вчера?

3) Какой день был позавчера?

4) Какой день будет завтра?

5) Какой день будет послезавтра?

6) Какие дни недели — это будние дни?

7) Какие дни недели — это выходные дни?

8) Какое сегодня число?

9) Какое число будет завтра?

10) Какой сейчас месяц?

11) Когда ваш день рождения?

12) Сколько сейчас времени?

13) Во сколько начинается первая пара в вашем университете?

14) Во сколько заканчивается последняя пара в вашем университете?

15) Напишите время цифрами:

Ровно десять. (10:00/22:00)

Пять минут одиннадцатого. (10:05/22:05)

Четверть третьего. (14:15/02:15)

Половина шестого вечера. (17:30)

Без десяти восемь. (07:50/19:50)

Без трёх минут двенадцать. (11:57/23:57)

19 Прослушайте текст и напишите диктант.

Время. Что это такое? Время бежит, его так мало, когда мы спешим. И время стоит, его так много, когда мы ждём. Мне кажется, только вчера был понедельник, а сегодня уже пятница. Завтра — выходные, а потом опять рабочие дни. Неделя пролетела очень быстро. Месяцы тоже летят. Мне кажется, только вчера начался январь, а сейчас уже апрель. Сегодня я проснулся в семь часов утра. А сейчас уже восемь часов вечера. Вот и день пролетел. Недавно я сдавал экзамен и сейчас жду мою оценку. Время идёт очень медленно. Мне кажется, оно стоит.

ПОИГРАЕМ!

㉟ Игра «Время и даты».

Играют команды. От каждой команды к доске выходит один человек. Команды по очереди называют разное время и даты. Например, девять утра, первое сентября. Тот, кто быстрее напишет 9 : 00 и 01.09, получает балл. Конечно, игрок той команды, которая называет время или дату, ничего не пишет, пишут игроки из других команд.

> **Совет!** Обратите внимание студентов на то, что в России в датах сначала пишется день, а потом месяц, например, первое сентября: 01.09. Перед числами от 1 до 9 часто ставят «0».

> Вспомните всё, что вы учили, слушали, видели по этой теме, и попытайтесь рассказать это друг другу по-русски.

УРОК 5
МОЙ ДЕНЬ

СЛУШАЙТЕ И ЧИТАЙТЕ!

 а. Слушайте слова по теме, одновременно читайте и повторяйте их.

> **Совет!** Обратите внимание студентов на разницу между словами «ло-
> житься спать» и «спать»: Я ложусь спать в 9 часов. / Я сплю 9 часов.
> **Дополнительное задание:** попросите студентов устно или письменно соста-
> вить примеры с каждым новым словом. Этот вариант также может стать домашним
> заданием.

б. Для каждого глагола назовите вторую форму — НСВ или СВ.

просыпаться — проснуться	одеваться — одеться
вставать — встать	завтракать — позавтракать
умываться — умыться	обедать — пообедать
принимать — принять	ужинать — поужинать
чистить — почистить	возвращаться — вернуться
причёсываться — причесаться	ложиться — лечь
краситься — накраситься	

СЛУШАЙТЕ И ПИШИТЕ!

 а. Прослушайте выражения и напишите их.

распорядок дня	днём
расписание занятий	в обед
каждый день	после обеда
по пятницам	вечером
по утрам	ночью
утром	делать зарядку

занима́ться спо́ртом

ходи́ть в спортза́л

обе́дать в столо́вой

Сове́т! Обрати́те внима́ние студе́нтов на ра́зницу ме́жду выраже́ниями «в пя́тницу» и «по пя́тницам», «у́тром» и «по утра́м».

6. Прослу́шайте выраже́ния ещё раз, прочита́йте и повтори́те их.

Сове́т! По́сле прослу́шивания вы мо́жете зада́ть не́сколько вопро́сов с э́тими слова́ми, что́бы студе́нты повтори́ли да́нную ле́ксику в речи́. Наприме́р:

Сейча́с день и́ли ночь?

Ско́лько сейча́с вре́мени?

Когда́ ты встаёшь?

Когда́ ты ложи́шься спать?

Ты де́лаешь заря́дку у́тром?

... и так да́лее. Фантази́руйте!

❸ Прослу́шайте диало́ги и вста́вьте пропу́щенные слова́.

——— Диало́г 1 ———

— Во ско́лько ты <u>просыпа́ешься</u>?

— В 6 : 45.

— А во ско́лько ты <u>встаёшь</u>?

— В 7 : 00.

— Что ты де́лаешь 15 мину́т?

— Про́сто <u>лежу́</u>, чита́ю но́вости.

— Что ты де́лаешь пото́м?

— <u>Умыва́юсь</u> и одева́юсь.

— Ты <u>за́втракаешь</u>?

— Да, немно́го.

— Где ты <u>обе́даешь</u>?

— В столо́вой.

— Что ты де́лаешь <u>по́сле обе́да</u>?

— Занима́юсь в библиоте́ке и де́лаю дома́шние зада́ния.

— Во сколько ты <u>возвращаешься</u> домой?

— В 19 часов.

— Когда ты <u>ложишься спать</u>?

— Примерно в 22 : 30.

———————— Диалог 2 ————————

— <u>В котором часу</u> вы просыпаетесь?

— В <u>рабочие</u> дни — рано, в <u>выходные</u> дни — поздно.

— Сколько у вас <u>выходных</u>?

— Два дня — суббота и воскресенье.

— Вы делаете <u>по утрам</u> зарядку?

— Да, <u>каждый день</u>.

— Вы спите в обед?

— Нет.

— <u>Когда</u> вы ходите в спортзал?

— <u>По</u> вторникам, пятницам и субботам.

| Совет! | Вы можете прослушать диалоги ещё раз и повторить каждую фразу (в парах, в группах, все вместе). |

④ а. Прослушайте текст и напишите распорядок дня Александры.

Меня зовут Александра. Я работаю переводчиком в компании. Я должна быть на работе каждый день, с понедельника по пятницу. Работа начинается в 9 часов, поэтому я просыпаюсь в 6 : 15. Я не могу вставать сразу, поэтому лежу ещё 15 минут и встаю только в полседьмого. Сначала я умываюсь и принимаю душ. Потом крашусь и причесываюсь. Обычно в 7 : 10 я сажусь завтракать. После завтрака чищу зубы и одеваюсь. Я выхожу из дома без десяти восемь. Офис находится далеко от моего дома, поэтому на дорогу мне нужен час. Без пятнадцати или без десяти девять я уже в офисе. Я работаю до шести часов вечера. Домой возвращаюсь примерно в 19 часов, ужинаю, занимаюсь своими делами и ложусь спать в полодиннадцатого. Конечно, я не всегда сразу иду домой после работы. Иногда хожу по магазинам или встречаюсь с друзьями, иду в кино или на концерт. По вторникам и четвергам я хожу в спортзал и занимаюсь спортом с половины восьмого до девяти. Выходные у меня — суббота и воскресенье, но если есть важные документы, которые нужно перевести, я работаю и в выходные.

б. Напишите ваш распорядок дня, а затем расскажите его преподавателю.

в. Мечты VS. реальность: напишите распорядок дня вашей мечты. Мечтайте! Сравните ваши мечты с реальностью.

Совет! Последние два задания могут стать домашними заданиями. Попросите студентов красочно написать их мечты и реальность в два столбика на одном листе. На следующем занятии сравните мечты и реальность ваших студентов. Например: мечта — вставать в 9 часов каждый день, реальность — встаю в 6 : 30 каждый день.

5 а. Прослушайте текст и напишите расписание студента.

Я студент. Сейчас я изучаю русский язык в МГУ. Я учусь каждый день. Наши занятия начинаются не как у всех в 8 часов, а в 9 часов. В понедельник у меня три пары: с 9 до 10 : 30 практика речи, с 10 : 45 до 12 : 15 грамматика и с 13 до 14 : 30 письмо. Во вторник у меня две пары: с 9 до 10 : 30 практика речи, с 10 : 45 до 12 : 15 аудирование. Среда — самый тяжелый день: у меня 5 пар. С 9 до 10 : 30 чтение, с 10 : 45 до 12 : 15 практика речи, с 13 до 14 : 30 русская литература, с 14 : 45 до 16 : 15 второй иностранный язык, с 16 : 30 до 18 : 00 физкультура. В четверг у меня три пары: с 10 : 45 до 12 : 15 практика речи, с 14 : 45 до 16 : 15 аудирование и с 16 : 30 до 18 : 00 перевод. В пятницу у меня тоже три пары: с 9 до 10 : 30 второй иностранный язык, с 13 до 14 : 30 история России и с 14 : 45 до 16 : 15 страноведение. Суббота и воскресенье — выходные дни. Но у нас так много домашних заданий, что я почти не отдыхаю. Да, учиться трудно, но очень интересно!

б. Напишите ваше расписание занятий, а затем расскажите его преподавателю.

Совет! Дополнительной практикой речи может стать обсуждение расписания уроков, которое было у ваших студентов в школе; обсуждение вопроса, сколько пар студенты хотят иметь в день; в какие дни они хотят учиться, в какие дни — отдыхать; сколько выходных должно быть в неделю.

6 **а. Прослушайте русские пословицы и попытайтесь их записать. Затем объясните их значение.**

1) *Кто рано встаёт, тот долго живёт.*

   Вставать рано — полезно и важно для здоровья.

2) *Кто рано встаёт, тому бог даёт.*

   Если человек встаёт рано, у него впереди целый день, он может успеть сделать много дел и как следствие — многого добиться.

3) *Утро встречают зарядкой, вечер провожают прогулкой.*

   Очень полезно для здоровья утром делать зарядку, а вечером совершать лёгкую прогулку.

б. Какая пословица вам нравится больше всего? Почему?

Свободный ответ.

в. Придумайте небольшой рассказ с использованием одной из пословиц.

Совет! Вы можете попросить студентов вспомнить китайские эквиваленты данных пословиц, например: 早起的鸟儿有虫吃；一年之季在于春，一日之计在于晨．

СЛУШАЙТЕ И ГОВОРИТЕ!

7 **Прослушайте диалоги и выберите правильный вариант ответа.**

——————— Диалог 1 ———————

— Алёша, пора вставать!

— А который час?

— Уже семь.

— Так рано!

— Но ведь пара начинается в 8.

— Нет, мамочка, мне сегодня ко второй паре, к 10, так что я ещё посплю до половины девятого.

— Почему ты вчера не сказал? Я бы не стала тебя будить.

— Я забыл. Ну, всё, хочу ещё поспать.

— Спи, спи. Я ухожу на работу. Завтрак на столе.

— До вечера!

——————— Диалог 2 ———————

— Доброе утро!

— Ваня, почему ты опоздал?

— Я проспал.

— А почему ты проспал?

— Потому что я всю ночь делал домашнее задание.

— А почему ты делал домашнее задание ночью?

— Потому что я спал вечером после занятий.

— А почему ты спал после занятий?

— Потому что вчера ночью я не спал и делал домашнее задание.

Ключи к заданиям

1) А   2) В   3) Б   4) Г   5) А   6) В   7) В

Совет! Дополнительные задания:
1) Работа в парах или мини-группах: составить или написать подобные диалоги.
2) Разыграть собственные диалоги друг с другом или перед всей группой.

---

8 Прослушайте текст и ответьте на вопросы.

Мама часто говорит мне, что я лентяй и что я ничего не делаю. Но это не так. За один день я успеваю сделать очень много дел. Во-первых, просыпаюсь и встаю рано утром, потому что мне надо идти в университет. Во-вторых, умываюсь, чищу зубы, одеваюсь, причесываюсь, обязательно завтракаю. Родители уходят на работу раньше меня, поэтому я опять ложусь спать, ведь утром очень хочется спать. Я просыпаюсь в обед, обедаю и только потом иду на пары. После обеда очень легко учиться — уже совсем не хочется спать. На парах я разговариваю с другом, играю в телефоне или рисую в тетради. Вечером я гуляю с друзьями, ужинаю. Потом я иду в свою комнату и сижу за компьютером — смотрю что-нибудь или читаю в интернете, играю в компьютерные игры. Я ложусь спать очень поздно, потому что у меня очень много дел в интернете. Когда я заканчиваю дела, уже 3 ночи или 4 утра. Мама не должна говорить, что я ничего не делаю. Смотрите, сколько дел я успеваю сделать за один день! Ну, разве я лентяй?!

Ключи к заданиям

1) Он студент.
2) Мама говорит ему, что он лентяй и что он ничего не делает.
3) Он думает, что он не лентяй, что успевает сделать очень много дел за один день.
4) Каждое утро он просыпается, встаёт, умывается, чистит зубы, одевается, причёсывается, завтракает, а потом опять ложится спать.
5) Потому что ему очень хочется спать утром.
6) Он просыпается в обед.
7) Он идёт на пары после обеда, потому что после обеда очень легко учиться — уже совсем не хочется спать.
8) На парах он разговаривает с другом, играет в телефоне или рисует в тетради.
9) После пар он гуляет с друзьями, ужинает, потом идёт в свою комнату, сидит за компьютером, смотрит что-нибудь или читает в интернете, играет в компьютерные игры.
10) Он ложится спать очень поздно, в 3 ночи или 4 утра.
11) Свободный ответ.

Совет!

Дополнительные задания:
1) Вы можете попросить пересказать этот текст.
2) Вы можете спросить у студентов, что они делают каждый день и считают ли они себя лентяями.

9 а. Прослушайте текст и скажите, в какое время работают люди разных профессий.

Каждый человек должен работать. Но все люди работают в разное время, часы работы зависят от профессии. Раньше всех встают дворники, водители автобусов и работники метро. Днём работают учителя, врачи, юристы, офисные работники, продавцы магазинов, почтальоны. А вот актёры, музыканты, танцоры обычно работают вечером. Есть и ночные профессии, например, медсестры, стюардессы, водители такси, рабочие заводов.

6. Выберите одну профессию и расскажите распорядок дня человека с такой профессией.

Совет! Вы можете попросить студентов добавить другие профессии в этот список, записать их на доске, а затем попросить выбрать одну профессию и рассказать распорядок дня человека с такой профессией.

🎧 ⑩ Прослушайте текст и перескажите его, используя опорные слова.

Я работаю в офисе. Я менеджер. Я работаю очень много. Моя жена говорит, что я трудоголик. Наверное, это правда, потому что уже три часа дня, а я ещё не обедал. Официально я работаю каждый день с 8 до 18 часов, неофициально — работаю столько, сколько нужно. Если есть важные дела, я задерживаюсь в офисе или даже прихожу на работу в выходные.

Наш директор приходит на работу к 9 часам утра и уходит тогда, когда хочет. Он всегда обедает и редко задерживается на работе. Но он говорит, что он трудоголик, поэтому стал директором. Я тоже трудоголик, значит, тоже однажды стану директором.

Совет! Вы можете спросить у студентов, что значит быть трудоголиком и трудоголики ли они сами, а также станет ли когда-нибудь этот мужчина директором.

🎧 ⑪ Прослушайте предложение и обсудите его в группе.

Антон Павлович Чехов говорил: «Если хочешь, чтобы у тебя было мало времени, ничего не делай». Вы согласны с его словами? Почему?

Эта фраза имеет следующий смысл: чем меньше у человека дел, тем меньше у него времени. Количество дел организует время человека: чем больше у человека дел, тем больше он успевает сделать.

⑫ Обсудите в парах.

1) Спросите у вашего друга о том, как он проводит свой день, и расскажите ему о вашем дне.

2) Вы собираетесь провести весь день с друзьями и планируете день по часам.

⑬　a. Посмотрите на картинку и опишите её.

б. Составьте диалоги по этой картинке.

⑭　Посмотрите на картинку и составьте небольшой рассказ.

Совет! Чтобы составить рассказ, сначала вы можете записать опорные слова на доске.

Примерные опорные слова: ночь, комната, девушка, студентка, книги, учебники, компьютер, делать домашнее задание, спать, много, долго, устать.

СМОТРИТЕ!

15 **а. Обратите внимание на новые слова и словосочетания, которые встретятся в видеофильме «Жаворонки и совы».**

б. Посмотрите первую часть видеофильма и словами «да» или «нет» ответьте, соответствуют ли содержанию данные фразы.

Жаворонки и совы (1)

Макс: Ю Ли, что с тобой? Ты заболел?

Ю Ли: Нет, но я очень устал. Представляешь, сейчас только восьмая неделя семестра, а я уже видел во сне, как я сплю.

Макс: Это как? Ты спал во сне?

Ю Ли: Да, я так устал, что даже во сне вижу, как я сладко сплю.

Макс: Смешно! Почему ты так сильно устал? Из-за учёбы?

Ю Ли: Да, много занятий, много домашних заданий.

Макс: Мне кажется, ты преувеличиваешь! Всё в порядке, я не могу сказать, что я сильно устал.

Ю Ли: Просто я привык к другому распорядку дня.

Макс: К какому? Разве в Китае люди делают что-то другое?

Ю Ли: Нет, люди тоже работают, учатся, но не так, как здесь.

Макс: Расскажи, это интересно.

Ю Ли: Во-первых, сначала я долго привыкал к разнице во времени между Петербургом и Китаем.

Макс: Сколько часов разницы?

Ю Ли: 5 часов. Когда в Китае все ложатся спать, здесь только вечер, ещё рано идти спать, но я уже чувствовал себя усталым и очень хотел спать. Утром, когда здесь все встают, в Китае ещё ночь, поэтому утром я никак не мог проснуться.

Макс: Хм, разница во времени между Вашингтоном и Петербургом 7 часов, но я быстро привык.

Ю Ли: Ещё у нас в Китае есть обеденный сон. С 12 до 14 часов мы не учимся. Это время для обеда и сна. Я привык отдыхать днём. Но здесь как раз в это время у нас иногда есть занятия. Мне очень хочется спать.

Макс: К счастью, у меня с этим проблем нет.

Ю Ли: Счастливый! Ещё у нас много домашних заданий.

Макс: А как ты хотел? Ты же учишься в университете.

Ю Ли: Да, но сейчас мне кажется, что в Китае учиться в университете легче.

Макс: Не вижу разницы. У нас в Америке тоже трудно.

Ю Ли: А ты заметил, как едят русские?

Макс: Как?

Ю Ли: У них нет точного времени для завтрака, обеда и ужина!

Макс: Ну и что?

Ю Ли: В Китае мы всегда обедаем примерно в 12, ужинаем в 18 часов, поэтому в это время никогда нет занятий.

Макс: А по-моему, это очень хорошо, что каждый (человек) сам выбирает для себя время, поэтому столовая здесь открыта всегда. Ты можешь прийти и поесть в любое время.

Ю Ли: Да, это, конечно, удобно, но всё-таки я очень устал.

Ключи к заданиям

1) Да	2) Да	3) Да	4) Нет	5) Да	6) Нет
7) Нет	8) Да	9) Нет	10) Нет	11) Нет	12) Да
13) Да	14) Да	15) Да			

 Дополнительным заданием может стать объяснение отрицательных ответов (нет).

в. Посмотрите вторую часть видеофильма и ответьте на вопросы.

Жаворонки и совы (2)

Ю Ли: Смотри, а вон Катя идёт!

Макс: Катя! Мы здесь!

Катя: А, ребята, привет! Как дела?

Макс: Наш Ю Ли очень устал!

Катя: Да? Почему?

Ю Ли: Много пар, домашних заданий! И ещё ваш перерыв на обед очень короткий — всего 35 минут!

Катя: Разве 35 минут — это мало?

Ю Ли: Конечно, мало! У нас в Китае перерыв на обед 2,5 часа! С 12 до 14 : 30!

Катя: Что вы делаете в это время?

Ю Ли: Сначала мы идём обедать в столовую, потом кто-то делает домашние задания, кто-то отдыхает в общежитии. Конечно, есть и те, у которых в это время дополнительные занятия.

Катя: Во сколько ты ложишься спать, Ю Ли?

Ю Ли: Обычно в 12 часов ночи или даже после 12, но это очень поздно для меня! Я больше люблю ложиться (спать) рано и вставать рано.

Катя: Значит, ты жаворонок!

Ю Ли: Жаворонок? Это кто?

Катя: Вообще жаворонок — это маленькая птичка, которая просыпается рано утром и начинает громко петь.

Ю Ли: Я не знаю такую птицу.

Макс: Я тоже не знаю.

Катя: Подождите, я сейчас покажу вам картинку в телефоне.

Ю Ли: А-а-а, я понял!

Макс: Да, я тоже понял!

Катя: Хорошо, но смотрите, жаворонками мы ещё называем людей, которые любят рано ложиться спать и рано вставать.

Ю Ли: Да, я точно жаворонок!

Макс: А я не могу так делать! Если я рано ложусь спать, я не могу уснуть! А вставать рано для меня — это просто ужас! Я не могу просыпаться рано!

Катя: Тогда ты сова!

Макс: Сова? Это тоже птица?

Катя: Да, но уже не маленькая, а большая и с большими глазами. Она никогда не спит ночью, а спит днём.

Макс: Это птица, которая делает вот так: у-ху, у-ху, у-ху, да?

Катя: Да, точно!

Макс: Я понял! Я точно сова! Я могу не спать до утра, что-то делать или где-то гулять, а потом могу спать до обеда!

Ю Ли: А у меня в 10 часов вечера уже закрываются глаза, я хочу спать! А утром я могу легко проснуться рано, не могу спать до обеда!

Катя: Ю Ли, значит, ты должен раньше ложиться спать и раньше вставать. Если ты не закончил свои дела вечером, например, домашние задания, то лучше встать раньше и закончить все дела утром.

Макс: Катя, а кто же ты?

Катя: Я, скорее, сова, чем жаворонок, но всё зависит от того, какой у меня был день. Если я очень устала, то могу лечь спать рано. Но и долго не спать — для меня не проблема!

Ю Ли: Самое главное — спать 8 часов. Человеку нужно (каждый день) спать 8 часов.

Макс: Тогда я, наверное, неправильный человек! Мне надо спать 10-12 часов!

Катя: Все люди любят спать, особенно студенты! Я тоже хочу спать больше, но меня ждут дела, а время не ждёт!

Ключи к заданиям

1) Ю Ли очень устал из-за учёбы, у него много занятий, много домашних заданий.
2) Обеденный перерыв в России длится 35 минут.
3) Обеденный перерыв в Китае длится 2,5 часа.
4) Китайские студенты в обеденный перерыв идут обедать в столовую, потом кто-то делает домашние задания, кто-то отдыхает в общежитии.
5) Ю Ли обычно ложится спать в 12 ночи или после 12, но он любит рано ложиться и рано вставать.
6) Нет, Макс любит ложиться спать поздно и встаёт поздно.
7) Всё зависит от того, какой у неё был день. Она может ложиться спать рано, но долго не спать — для неё не проблема.
8) По мнению Ю Ли, человек должен спать 8 часов.
9) Макс любит спать 10-12 часов.
10) Все люди любят спать, но особенно любят спать студенты.

г. Посмотрите две части видеофильма ещё раз и объясните.

1) Человек-жаворонок — это человек, который любит рано ложиться спать и рано вставать.

2) Человек-сова — это человек, который любит поздно ложиться и поздно вставать.

3) «Время не ждёт» — время идёт очень быстро.

д. Обсудите в группе.

Свободный ответ.

е. Посмотрите видеофильм ещё раз и обратите внимание на следующие слова и выражения, которые часто употребляются в разговорной речи.

1) Ю Ли, что с тобой? Ты заболел?

2) — Представляешь, сейчас только восьмая неделя семестра, а я уже видел во сне, что я сплю.
— Как это? Ты спал во сне?

3) Всё в порядке, я не могу сказать, что я сильно устал.

4) Просто я привык к другому распорядку дня.

5) Во-первых, сначала я долго привыкал к разнице во времени между Петербургом и Китаем.

6) — Ещё у нас много домашних заданий.
— Ю Ли, а как ты хотел? Ты же учишься в университете.

7) — У них нет точного времени для завтрака, обеда и ужина!
— Ну и что?

8) А по-моему, это хорошо.

9) Я, скорее, сова, чем жаворонок.

16 Посмотрите видеофильм ещё раз и составьте пересказ его сюжета:

— в форме диалогов от первого лица;
— в форме текста от третьего лица.

Креативатор мышления

⓱ Разделитесь на группы и запишите собственные небольшие видеоролики или аудиозаписи (диалоги, тексты) на тему «Мой день». Придумайте задания к ним или составьте вопросы. Затем прослушайте их в группе и выполните задания.

ПРОВЕРЬТЕ СЕБЯ!

⓲ Прослушайте вопросы и напишите ответы.

1) Во сколько ты просыпаешься? Во сколько ты встаёшь?

2) Что ты делаешь после того, как встал?

3) Что ты делаешь после завтрака?

4) Сколько времени ты идёшь в университет?

5) Когда у тебя начинаются занятия?

6) Когда и где ты обычно обедаешь?

7) Что ты делаешь после обеда?

8) Ты любишь спать в обед? Почему?

9) Что ты делаешь после обеда?

10) Когда у тебя заканчиваются занятия?

11) Когда и где ты ужинаешь?

12) Чем ты обычно занимаешься вечером?

13) Сколько времени ты делаешь домашнее задание?

14) Во сколько ты возвращаешься в общежитие?

15) Что ты обычно делаешь перед сном?

16) В котором часу ты ложишься спать?

17) Сколько часов ты спишь?

18) Во сколько ты встаёшь и ложишься спать в выходные дни?

19) Чем ты любишь заниматься в выходные дни?

20) Ты сова или жаворонок? Почему?

⑲ Прослушайте текст и напишите диктант.

У меня большая семья: мама, папа, я, старший брат и младшая сестра. Раньше всех просыпается папа — в шесть часов, потому что в семь часов он уже выходит из дома и идёт на работу. После папы встаёт мама, потом просыпаюсь я, а потом мама будит сестру. Мы завтракаем и выходим из дома вместе. Мама идёт на работу, я — в школу, а сестра — в детский сад. Мой брат всегда встаёт в разное время. Он студент, и иногда ему нужно идти к первой паре, иногда — к третьей. Обедаем мы все в разных местах: мама и папа — на работе, я — в школе, сестра — в детском саду, а брат — дома или в университете. Зато вечером мы все дома, ужинаем вместе и разговариваем о нашем дне. Все, кроме моей маленькой сестры, ложатся спать поздно.

ПОИГРАЕМ!

⑳ Игра «Сломанный телефон».

Играют команды, пары или ряды в аудитории. Студент от одной команды подходит к другой и <u>шёпотом</u> говорит на ухо первому сидящему студенту фразу, например, «Я встаю в 7 часов и завтракаю». Эта фраза затем передаётся <u>шёпотом</u> вдоль по ряду. Повторять фразу два раза нельзя, даже если кто-то её не понял. Когда фраза дойдёт до конца ряда, последний студент должен произнести её вслух.

Вспомните всё, что вы учили, слушали, видели по этой теме, и попытайтесь рассказать это друг другу по-русски.

УРОК 6

В ГОСТЯХ

СЛУШАЙТЕ И ЧИТАЙТЕ!

 а. Слушайте слова по теме, одновременно читайте и повторяйте их.

> **Совет!** Обратите внимание студентов на то, что ванная называется так, потому что почти у всех русских в квартирах установлена ванна, а не душ. В Китае же, наоборот, чаще встречается душ, чем ванна.
> **Дополнительное задание:** попросите студентов устно или письменно составить примеры с каждым новым словом. Этот вариант также может стать домашним заданием.

б. Для каждого существительного назовите вторую форму — единственного или множественного числа.

город — города	прихожая — прихожие
деревня — деревни	коридор — коридоры
дом — дома	балкон — балконы
квартира — квартиры	стол — столы
район — районы	стул — стулья
центр — центры	диван — диваны
этаж — этажи	кресло — кресла
лифт — лифты	кровать — кровати
комната — комнаты	гардероб — гардеробы
гостиная — гостиные	шкаф — шкафы
спальня — спальни	полка — полки
детская — детские	тумбочка — тумбочки
кабинет — кабинеты	лампа — лампы
кухня — кухни	телевизор — телевизоры
столовая — столовые	компьютер — компьютеры
ванная — ванные	гость — гости
туалет — туалеты	

> **Совет!** Обратите внимание студентов на то, что у слова «мебель» нет множественного числа, как и у слова «техника».

СЛУШАЙТЕ И ПИШИТЕ!

2 **а. Прослушайте выражения и напишите их.**

частный дом	квартиру
собственная квартира	смотреть телевизор
жить в центре города	идти в гости
жить за городом	быть в гостях
многоэтажный дом	приглашать — пригласить в гости
жить на первом этаже	Приходи(-те) к нам в гости!
покупать — купить квартиру	Спасибо за приглашение!
снимать — снять квартиру	Обязательно приду!
переезжать — переехать в новую	К сожалению, я не могу.

б. Прослушайте выражения ещё раз, одновременно прочитайте и повторите их.

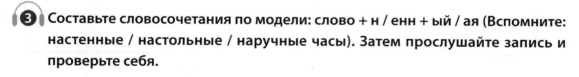

Совет!	После прослушивания вы можете задать несколько вопросов с этими словами, чтобы студенты повторили данную лексику в речи.

Например:
Твоя семья живёт в городе или деревне?
У вас квартира или дом?
Какие комнаты есть в вашей квартире?
… и так далее. Фантазируйте!

3 **Составьте словосочетания по модели: слово + н / енн + ый / ая (Вспомните: настенные / настольные / наручные часы). Затем прослушайте запись и проверьте себя.**

компьютер, стол	⟶	компьютерный стол
письмо, стол	⟶	письменный стол
обед, стол	⟶	обеденный стол
журнал (-ь-), столик	⟶	журнальный столик
книга (г → ж), полка	⟶	книжная полка
книга (г → ж), шкаф	⟶	книжный шкаф
на стол (-ь-), лампа	⟶	настольная лампа

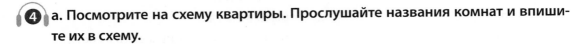

Совет! Обратите внимание студентов на то, что в словосочетании «журнальный столик» нужно говорить именно «столик», а не «стол», потому что он маленький и низкий.

Вы также можете задать студентам дополнительные вопросы с этими словами:

У тебя дома есть обеденный стол? А в общежитии?

У тебя есть настольная лампа? А в общежитии?

... и так далее.

4 **а. Посмотрите на схему квартиры. Прослушайте названия комнат и впишите их в схему.**

прихожая, гостиная, кухня, столовая, коридор,

кабинет, спальня, детская, ванная, туалет, балкон

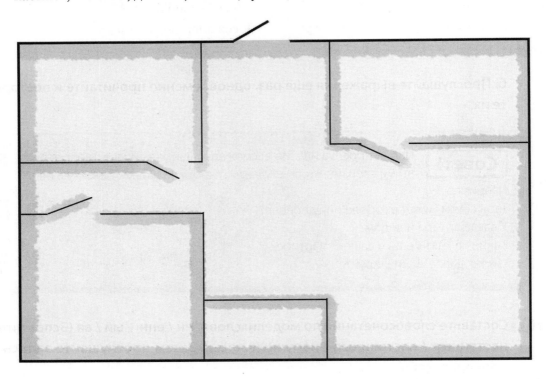

б. Прослушайте названия предметов мебели и распределите их по комнатам.

обеденный стол, стулья, письменный стол, кровать, шкаф, гардероб, диван, книжный шкаф, кресло, телевизор, компьютер, холодильник, книжные полки, стиральная машина, журнальный столик, тумбочка, зеркало, компьютерный стол, настольная лампа

в. Нарисуйте схему собственной квартиры (или квартиры вашей мечты) и расскажите, какие комнаты у вас есть и какая мебель там стоит.

Совет! Последнее задание может стать домашним заданием: студенты рисуют схему квартиры и пишут небольшой рассказ о ней.

5 a. Прослушайте предложения и напишите их.

1) Лампа стоит на столе.
2) Картина висит на стене.
3) Книги стоят в шкафу и на полке.
4) Одежда висит в гардеробе.
5) В этой комнате много мебели.
6) Кресло стоит рядом с окном.
7) Диван стоит между кресел.
8) Журнальный столик стоит у дивана.
9) Стол стоит справа от книжного шкафа.
10) Телевизор висит слева от двери.
11) Цветок стоит в углу.
12) Книжные полки висят над столом.
13) Кошка спит под столом.

Совет! Попросите студентов назвать падеж, с которым употребляется каждый предлог: на (+6), в (+6), рядом с (+5), между (+5), у (+2), справа/слева от (+2), над (+5), под (+5).

б. Расскажите, что где стоит в вашей аудитории.

Совет! Вы можете выполнить это задание в виде игры. Один студент говорит предложение, не называя предмет, например, «это стоит рядом с окном». Другие угадывают, что это за предмет.

6 Прослушайте текст и вставьте пропущенные слова.

Это наш дом. Мы живём на седьмом этаже. Конечно, в доме есть лифт. В нашей квартире четыре комнаты, не считая кухню, ванную и туалет. Самая большая комната — гостиная. Здесь мы смотрим телевизор, отдыхаем, проводим время всей семьёй. При этом у каждого своя спальня. У родителей спальня больше, чем у меня: у них ведь и кровать больше, чем у меня. Ещё одна комната раньше была спальней моего старшего брата, но он женился и живёт отдельно. Поэтому эта комната служит спальней для гостей и кабинетом моего отца. Мой отец — профессор, поэтому ему нужно место, где он может спокойно работать и писать свои статьи. Кухня у нас большая и светлая. Здесь мы не только готовим, но и завтракаем, обедаем и ужинаем. Ванная и туалет — это две отдельные комнаты, очень удобно. У нас ещё есть небольшой балкон, там стоит много комнатных цветов. Мама их очень любит и каждый день ухаживает за ними. Балкон — это наш маленький сад.

Совет! Вы можете прослушать текст ещё раз и повторить каждую фразу (в парах, в группах, все вместе).

❼ а. Прослушайте русские пословицы и попытайтесь их записать. Затем объясните их значение.

1) Любишь в гостях бывать, люби и гостей приглашать.
Радушный человек не только ходит в гости, но и приглашает гостей к себе домой.
2) Будь как дома, но не забывай, что в гостях.
В гостях нужно чувствовать себя раскрепощённо, свободно, открыто, но при этом воспитанно и сдержанно.
3) В гостях хорошо, а дома лучше.
В мире нет более уютного и тёплого места, чем наш дом. Как бы хорошо нас ни принимали в гостях, дома мы всё равно будем чувствовать себя свободнее и уютнее.

б. Какая пословица вам нравится больше всего? Почему?

Свободный ответ.

в. Придумайте небольшой рассказ с использованием одной из пословиц.

Свободный ответ.

Совет! Вы можете попросить студентов вспомнить китайские эквиваленты данных пословиц, например: 在家千日好，出门一日难.

СЛУШАЙТЕ И ГОВОРИТЕ!

 8 **Прослушайте диалоги и выберите правильный вариант ответа.**

—————— Диалог 1 ——————

— Олег, привет!

— Привет, Аня! Как дела?

— Ты знаешь, мы купили новую квартиру.

— Правда? Поздравляю!

— Спасибо! Мы уже переехали и купили новую мебель.

— Как здорово! А где вы теперь живёте?

— Недалеко от центра. Это удобно, потому что Саша ходит там в школу. Мы хотели жить ближе к его школе.

— А новоселье будете праздновать?

— Будем, но не сейчас. Мы очень устали, и у нас сейчас нет денег. Новая квартира, мебель — всё это очень дорого.

— Понимаю вас.

— Когда будем праздновать, я тебя обязательно приглашу!

— Спасибо! Буду рад увидеть вашу новую квартиру.

—————— Диалог 2 ——————

— Миша, привет!

— Привет, Лена! Давно не виделись!

— Да, давно! Поэтому хочу пригласить тебя и Любу к нам в гости.

— Спасибо за приглашение! А когда?

— В эту субботу, вечером. У вас есть время?

— Да, мы свободны. Я ещё спрошу у Любы, но думаю, она будет очень рада.

— Во сколько вам удобнее?

— А вам?

— Ну, скажем, часов в шесть?

— Да, отлично! В шесть часов в субботу.

— Ну, тогда до встречи!

— До встречи!

—————— **Диалог 3** ——————

— Вера, приходи ко мне в гости!

— А когда?

— В пятницу вечером!

— В пятницу я не могу, у меня уроки танцев.

— А в субботу?

— К сожалению, в субботу тоже не могу. Я все выходные буду работать.

— Как жаль!

— Может быть, тогда на следующих выходных.

— К сожалению, на следующих выходных я не могу, уезжаю к родителям.

— Тогда в следующий раз!

— Да, в следующий раз. Или если у тебя будет время в будние дни, давай встретимся в кафе.

— Хорошо, давай! Тогда потом договоримся!

Ключи к заданиям

1) Б　　2) Г　　3) А　　4) В　　5) Г

Совет!　**Дополнительные задания:**
1) Работа в парах или мини-группах: составить или написать подобные диалоги.
2) Разыграть собственные диалоги друг с другом или перед всей группой.

---

9 **Прослушайте текст и ответьте на вопросы.**

В России, как и в других странах, есть многоэтажные дома, но они не такие высокие, как в Китае. Некоторые русские предпочитают жить в частных домах. Это одноэтажные или двухэтажные дома для одной семьи. Обычно такие дома можно увидеть в деревне или в небольших городах.

В каждом городе есть несколько районов. Конечно, главный район — это центр города. Здесь жить очень удобно — все магазины, достопримечательности рядом, но иногда бывает слишком шумно и неспокойно, слишком много людей. Поэтому многие выбирают нецентральные районы или переезжают жить за город, при этом каждый день ездят на работу в город.

Хорошо, когда есть своя квартира или дом. Например, многие молодые люди или молодые семьи снимают квартиру, потому что у них пока нет денег купить собственную. Зато, когда они её купят, обязательно будут праздновать новоселье.

Ключи к заданиям

1) Да, есть.

2) Они высокие, но не такие высокие, как в Китае.

3) Они предпочитают жить в частных домах.

4) Частный дом — это одноэтажный или двухэтажный дом для одной семьи.

5) Есть в небольших городах или деревнях.

6) Главный район города — это центр.

7) Удобно, потому что все магазины и достопримечательности рядом, но иногда там шумно и неспокойно, слишком много людей.

8) Они переезжают в нецентральные районы или за город.

9) Они снимают квартиру.

10) Они празднуют новоселье.

Совет! **Дополнительные задания:**

1) Вы можете попросить пересказать этот текст.

2) Вы можете задать дополнительные вопросы:

— Есть ли в Китае частные дома? где?

— В каком районе города предпочитают жить китайцы?

— Живут ли китайцы за городом?

— Снимают ли квартиру молодые люди и семьи в Китае?

— Есть ли в Китае традиция праздновать новоселье?

Прослушайте текст и сравните бытовую жизнь в России и в Китае по образцу, используя опорные слова.

В России зимой очень холодно, поэтому люди привыкли класть на пол ковры. Это делает дом теплее и уютнее. Так как в домах есть ковры, то почти у каждой русской семьи есть пылесос. А ещё есть утюг, потому что все русские гладят одежду. А в китайских домах редко увидишь ковры на полу.

В России люди предпочитают обои на стенах, а в китайских домах обычно белые стены.

В русских квартирах вы также увидите ванну и высокий туалет, а в китайских квартирах чаще бывает душ и низкий туалет.

Совет! Вы можете спросить у студентов, согласны ли они с утверждениями насчёт Китая.

⓫ Прослушайте пословицу и обсудите его в группе.

Если гость приезжает на несколько дней, то говорят, что «гость в первый день — золото, во второй день — серебро, в третий — медь». Как вы понимаете эту фразу?

Эта фраза имеет следующий смысл: в первые дни хозяева очень рады приезду гостя, в последующие дни они уже менее рады, а если гость задержался надолго, то хозяева уже совсем не рады. Таким образом, в гостях не нужно задерживаться надолго, не нужно надоедать хозяевам своим присутствием.

⓬ Обсудите в парах следующие вопросы:

1) расскажите друг другу о своих квартирах и комнатах;
2) пригласите вашего друга в гости.

⓭ а. Посмотрите на картинку и опишите её.

б. Составьте диалоги по этой картинке.

14 Посмотрите на картинку и составьте небольшой рассказ.

Совет! Чтобы составить рассказ, сначала вы можете записать опорные слова на доске.
Примерные опорные слова: семья, дом, гостиная, папа, мама, сын, дочь, сидеть на диване, сидеть в кресле, смотреть телевизор, разговаривать, сидеть в телефоне.

СМОТРИТЕ!

15 а. Обратите внимание на новые слова и словосочетания, которые встретятся в видеофильме «Первый раз в гости».

б. Посмотрите первую часть видеофильма и словами «да» или «нет» ответьте, соответствуют ли содержанию данные фразы.

Первый раз в гости (1)

Макс: Катя, Катя! Привет!

Катя: Привет!

Ю Ли: Ты сейчас свободна?

Катя: Нет, у меня пара. А что?

Макс: Нам нужна твоя помощь!

Катя: Что случилось?

Ю Ли: Нас пригласили в гости, но мы ещё никогда не были в гостях у русских и не знаем, как себя вести и что делать!

Катя: К кому вы идёте в гости?

Макс: Мы идём в гости к одному русскому другу, но там будет вся его семья.

Катя: Вас пригласили на обед или на ужин?

Ю Ли: На ужин.

Макс: Он сказал нам, что его родители не говорят по-английски. А мы хотим всё понять и чувствовать себя свободно, как русские.

Ю Ли: Да! Мы хотим чувствовать себя свободно, поэтому (мы) хотим подготовиться!

Катя: Я понимаю вас.

Макс: Ты могла бы дать нам полезные русские фразы?

Катя: Да, конечно, мне очень приятно помогать вам!

Макс: Большое тебе спасибо!

Ю Ли: Ты наш живой словарь!

Катя: Ну что вы!

Макс: Да, ты такая умная!

Катя: Ха-ха-ха, просто я русская, а русский язык — мой родной язык.

Макс: Когда у тебя есть время?

Катя: Сейчас у меня пара, а потом окно. А у вас есть пары?

Ю Ли: Наши пары уже закончились.

Катя: Замечательно! Тогда давайте встретимся после моей пары!

Ю Ли и Макс: Давай! Спасибо!

Катя: До встречи!

Ю Ли и Макс: До встречи!

Ключи к заданиям

1) Нет	2) Да	3) Нет	4) Нет	5) Нет	6) Нет

7) Да	8) Нет	9) Нет	10) Да	11) Да	12) Нет
13) Да	14) Нет	15) Да			

в. Посмотрите вторую часть видеофильма и запишите все полезные фразы, которые вы услышали от Кати. В видеофильме все формы этикетных слов даны во множественном числе. Самостоятельно образуйте форму единственного числа по образцу.

Первый раз в гости (2)

Катя: Привет ещё раз! Сейчас я вам всё расскажу.

Ю Ли: Мы будем слушать тебя очень внимательно!

Катя: Хорошо! Во-первых, нельзя приходить в гости с пустыми руками.

Ю Ли: С пустыми руками?

Катя: Да, с пустыми руками. Это значит, вы должны что-нибудь принести с собой.

Макс: Подарок?

Катя: Да, но совсем маленький. Это благодарность за то, что вас пригласили в дом и будут угощать. Например, вы можете принести с собой что-нибудь к чаю.

Ю Ли: Ты имеешь в виду что-то сладкое?

Катя: Да, мы любим пить чай и есть что-нибудь сладкое, например, торт, пирожные, конфеты. Ещё можно принести фрукты или алкоголь, например, бутылку вина или шампанского. Вы сказали, что будет вся семья. Тогда для мамы можно купить цветы.

Ю Ли: А можно им подарить наши национальные сувениры?

Катя: Да, конечно, замечательная идея! Итак, вы можете принести с собой или что-нибудь для еды, или цветы, или ваши национальные сувениры.

Ю Ли и Макс: Понятно.

Катя: Когда вы придёте, они откроют вам дверь и скажут: проходите! раздевайтесь! Это значит, что вы должны снять вашу одежду и обувь.

Ю Ли: В России надо обязательно снимать обувь?

Катя: Да, обязательно.

Ю Ли и Макс: Понятно.

Катя: Потом вам могут сказать: не стесняйтесь! будьте как дома! чувствуйте себя как дома!

Ю Ли: Это значит, что мы должны чувствовать себя свободно, как у себя дома, да?

Катя: Да, правильно! Потом вам могут сказать: прошу к столу. Это значит, что вы можете садиться за стол и начинать есть. А за столом вы услышите такие слова, как «угощайтесь, попробуйте это и это». И тогда вы должны попробовать это блюдо.

Макс: Если нам очень нравится еда, что мы можем сказать?

Катя: Вы можете сказать человеку, который приготовил всё это: «Вы очень хорошо готовите!» или: «Вы очень вкусно готовите!»

Ю Ли: А можно сказать «очень вкусно»?

Катя: Да, правильно! Вы пьёте вино или шампанское?

Макс: Я пью.

Ю Ли: Я не пью.

Катя: Тогда, если тебе будут предлагать алкоголь, ты можешь сказать: «Спасибо, я не пью».

Ю Ли: Спасибо, я не пью.

Катя: Русские очень гостеприимные, поэтому вас обязательно спросят: «Почему ты так мало ешь? Может быть, добавки?»

Макс: А если я больше не хочу есть?

Катя: Тогда ты можешь сказать: «Спасибо, но я уже наелся!» или: «Спасибо, но я больше не могу!»

Ю Ли: Что нужно сказать, чтобы уйти домой?

Катя: Вы можете сказать: «Нам пора». И вы обязательно должны сказать вашим друзьям: «Спасибо за приятный вечер и тёплый приём!»

Ю Ли: Спасибо за приглашение!

Макс: Спасибо, всё было очень вкусно!

Катя: Да, правильно. В конце вечера вам могут предложить проводить вас. Вы можете ответить: нет-нет, не провожайте, мы сами!

Ю Ли: Мы сами?

Катя: Да, это значит, мы можем сами дойти домой.

Макс: Спасибо, мы сами.

Катя: Да. Вас обязательно пригласят в гости ещё раз: «Приходите к нам ещё, мы будем очень рады!»

Ю Ли: Спасибо за приглашение!

Макс: Да, но любишь в гостях бывать, люби и гостей приглашать.

Ю Ли: Это правильно! Но мой дом очень далеко отсюда и я не могу пригласить их к себе в гости!

Катя: Тогда просто скажи: спасибо за приглашение, за приятный вечер и за тёплый приём!

Ю Ли: А тебе, Катя, спасибо за урок!

Макс: Спасибо, Катя!

Катя: Пожалуйста!

Проходите! → Проходи!

Раздевайтесь! → Раздевайся!

Не стесняйтесь! → Не стесняйся!

Будьте как дома! → Будь как дома!

Чувствуйте себя как дома! → Чувствуй себя как дома!

Прошу к столу! → Просим к столу!

Угощайтесь! → Угощайся!

Попробуйте! → Попробуй!

Вы очень хорошо / вкусно готовите! → Ты очень хорошо / вкусно готовишь!

Очень вкусно!

Спасибо, я не пью.

Почему вы так мало едите? → Почему ты так мало ешь?

Может быть, добавки?

Спасибо, но я уже больше не могу! Спасибо, но я уже наелся.

Нам пора. → Мне пора.

Спасибо за приятный вечер и тёплый приём.

Спасибо за приглашение!

Спасибо, всё было очень вкусно!

Нет-нет, не провожайте, мы сами! → Нет-нет, не провожай, я сам.

Приходите к нам ещё, мы будем очень рады! → Приходи к нам ещё, я буду очень рад.

г. Посмотрите две части видеофильма ещё раз и объясните следующие выражения:

1) ты наш живой словарь: Катя, как словарь, знает много слов и выражений;

2) приходить в гости с пустыми руками: ничего не приносить с собой;

3) раздеваться: снимать одежду;

4) будьте как дома: чувствовать себя (в гостях) так же хорошо, как дома;

5) любишь в гостях бывать, люби и гостей приглашать: нужно не только ходить

в гости, но и приглашать гостей к себе домой.

д. Обсудите в группе.

е. Посмотрите видеофильм ещё раз и обратите внимание на следующие слова и выражения, которые часто употребляются в разговорной речи.

1) — Ты сейчас свободна?

— Нет, у меня пара. А что?

2) — Нам нужна твоя помощь!

— Что случилось?

3) — Ты наш живой словарь!

— Ну что вы!

4) — Наши пары уже закончились.

— Замечательно!

5) — Например, вы можете принести с собой что-нибудь к чаю.

— Ты имеешь в виду что-то сладкое?

6) Когда вы придёте, они откроют дверь и скажут: проходите! раздевайтесь! Это значит, вы должны снять одежду и обувь.

⑯ Посмотрите видеофильм ещё раз и составьте пересказ его сюжета:

— в форме диалогов от первого лица;

— в форме текста от третьего лица.

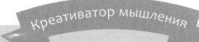

Креативатор мышления

⑰ Разделитесь на группы и запишите собственные небольшие видеоролики или аудиозаписи (диалоги, тексты) на тему «В гостях». Придумайте задания к ним или составьте вопросы. Затем прослушайте их в группе и выполните задания.

ПРОВЕРЬТЕ СЕБЯ!

⑱ Прослушайте вопросы и напишите ответы.

1) Где живёт ваша семья?

2) В каком районе города вы живёте?

3) Вы живёте в частном доме или в квартире?

4) Как давно вы туда переехали?

5) На каком этаже вы живёте?

6) В вашем доме есть лифт?

7) Сколько комнат в вашей квартире?

8) Какие это комнаты?

9) У вас есть балкон?

10) У вас есть своя комната?

11) Какая мебель стоит в вашей комнате?

12) Какая техника есть в вашей квартире?

13) Ваша семья часто приглашает друзей или родных в гости?

14) Кто часто приходит к вам?

15) Что вы говорите, когда приглашаете гостей?

16) А вы сами часто ходите в гости?

17) К кому вы обычно ходите в гости?

18) Что вы приносите с собой, когда приходите в гости?

19) Что вы ответите на приглашение прийти в гости?

20) Вас пригласили в гости, а вы не можете пойти. Что вы скажете?

⑲ Прослушайте текст и напишите диктант.

Александр и Наталья — молодая семья. Они женаты только 3 года. Они живут в городе, но считают, что здесь слишком шумно, много людей и машин, поэтому мечтают переехать за город и купить там собственный дом. Сейчас они снимают квартиру в многоэтажном доме на девятом этаже. Их квартира совсем маленькая, только одна комната, которая служит им и гостиной, и спальней.

Конечно, есть ещё кухня, ванная и туалет. В комнате справа от окна стоит диван-кровать, слева висит телевизор. В углу стоит большой шкаф, а между шкафом и диваном — небольшой компьютерный стол и стул. На столе стоят компьютер и лампа, а над диваном висит картина. На полу лежит небольшой ковёр. Места очень мало, но Александру и Наталье хватает, потому что они молодые, много работают и у них пока нет детей.

ПОИГРАЕМ!

⓴ Игра «Мы рисуем».

Играет вся группа, команды или пары. Вы предлагаете студентам нарисовать комнату. Вы говорите, что где находится в этой комнате, а они рисуют это на своих листах бумаги. Например, это гостиная, слева от окна стоит диван, справа — телевизор, телевизор находится напротив дивана, диван стоит между двух кресел, слева от дивана стоит книжный шкаф, справа от телевизора стоит лампа, слева — большой цветок. Выиграет тот студент, у которого получится самая «правильная» картинка.

> Вспомните всё, что вы учили, слушали, видели по этой теме, и попытайтесь рассказать это друг другу по-русски.

УРОК 7

ГДЕ НАХОДИТСЯ?

СЛУШАЙТЕ И ЧИТАЙТЕ!

 а. Слушайте слова по теме, одновременно читайте и повторяйте их.

> **Совет!** Таблица кажется большой и непонятной, но на самом деле она системная и очень логичная. Ваша задача — помочь студентам разобраться в ней.
>
> **Дополнительное задание:** попросите студентов устно или письменно составить примеры с каждым новым словом. Этот вариант также может стать домашним заданием.

б. Для каждого глагола назовите вторую форму — НСВ или СВ (для глаголов движения без приставок — форму движения в разных направлениях).

ездить — ехать	проходить — пройти
летать — лететь	проезжать — проехать
ходить — идти	попадать — попасть
переходить — перейти	доходить — дойти
поворачивать — повернуть	доезжать — доехать
пересаживаться — пересесть	добираться — добраться

СЛУШАЙТЕ И ПИШИТЕ!

 а. Прослушайте выражения и напишите их.

Извините!	Пожалуйста!
Простите!	Скажите, пожалуйста, как попасть в университет?
Прошу прощения!	
Будьте добры!	Вы не скажете, как доехать до библиотеки?
Будьте любезны!	

Вы не подскажете, как пройти в общежитие?

Не могли бы Вы сказать мне, где находится столовая?

Совет! Обратите внимание студентов на то, что в китайском языке используют разные слова со значением «пожалуйста» — "不客气" / "请" в зависимости от ситуации «ответ на благодарность» / «просьба»; в русском языке используется одно и то же слово «пожалуйста». В ситуации просьбы также возможны выражения «будьте добры», «будьте любезны».

б. Прослушайте выражения ещё раз, одновременно прочитайте и повторите их.

Совет! После прослушивания вы можете задать несколько вопросов с этими словами, чтобы студенты повторили данную лексику в речи. Например:
Скажи, где находится наш университет?
А ты не скажешь, где находится наша библиотека?
А где находится твоё общежитие?
А ты не подскажешь мне, где находится столовая?
... и так далее. Фантазируйте!

3 а. Давайте вспомним, как образуется повелительное наклонение в русском языке. Напишите собственные примеры.

➤ основа на согласный + и / ите (идти): иди / идите, ...

➤ основа на гласный + й / йте (поехать): поезжай / поезжайте, ...

➤ ь / ьте (пересесть): пересядь / пересядьте, ...

б. Напишите примеры со следующими выражениями:

Мне нужно...   Тебе надо...   Вам необходимо...

Совет! Вы можете объяснить эти правила на китайском языке, чтобы студентам было понятнее.

4 Прослушайте диалоги и вставьте пропущенные слова.

——————— Диалог 1 ———————

— Извините, скажите, пожалуйста, где находится кинотеатр.
— Идите прямо до конца улицы.
— Спасибо!
— Пожалуйста!

——————— Диалог 2 ———————

— Простите, вы не скажете, где здесь остановка автобуса?
— Направо, за углом.
— Спасибо!
— Пожалуйста!

——————— Диалог 3 ———————

— Будьте добры, подскажите, пожалуйста, где находится вокзал.
— Перейдите улицу и поверните налево. Там увидите.
— Спасибо!
— Не за что!

Совет!	**Дополнительные задания:**

1) Работа в парах или мини-группах: составить или написать подобные диалоги.
2) Разыграть собственные диалоги друг с другом или перед всей группой.
3) Прослушать диалоги ещё раз и повторить каждую фразу (в парах, в группах, все вместе).

5 а. Прослушайте слова и впишите их в план города.

В городе
университет, общежитие, библиотека, театр, кинотеатр, музей, магазин, супермаркет, торговый центр, аптека, больница, кафе, ресторан, парк, стадион, центр, площадь

б. Вспомните, какие ещё места в городе вы знаете, и впишите их в план.

в. Расскажите, какое место в вашем городе вам нравится больше всего и почему.

Совет! Вы можете также задать студентам вопросы: Где находится наш театр? А центр города? Ресторан? Как добраться до них? и так далее.

6 а. Прочитайте виды улиц в городах России и попробуйте объяснить разницу между ними. Если вам трудно, послушайте запись.

В ГОРОДЕ	
улица	Обычное название всех улиц (например, улица Арбат).
проспект	Прямая, очень длинная и очень широкая улица в городе (например, Невский проспект).
бульвар	Широкая улица с местами для отдыха (например, Цветной бульвар).
площадь	Большое широкое пространство (например, площадь Тяньаньмэнь, Красная площадь).
набережная	Улица вдоль реки или другого крупного водоёма (например, Пушкинская набережная).
переулок, проезд	Небольшая улица между двумя большими улицами (например, переулок Свободы, проезд Александра Невского).
перекрёсток	Пересечение двух улиц (иногда больше).

б. Расскажите, какие виды улиц есть в китайских городах.

Совет! Данное задание может показаться трудным для ваших студентов, поэтому вы можете отказаться от него или предложить студентам самостоятельно изучить его, если у них есть интерес. Если же вы решили выполнить это задание на занятии, а текст кажется студентам трудным, то можно показать его на экране компьютера и прочитать вместе с аудиозаписью, тренируя произношение.

а. Прослушайте русские пословицы и попытайтесь их записать. Затем объясните их значение.

1) Тише едешь, дальше будешь.

Чем меньше поспешности в деле, тем быстрее оно продвигается, а результат становится более качественным.

Эту пословицу можно употреблять и при поездке на автомобиле: не стоит ехать на высокой скорости, даже если мы очень опаздываем, ведь высокая скорость может привести к автомобильным авариям.

2) Не спеши! Выиграешь секунду — потеряешь жизнь.

Идём пешком по городу или едем на машине — никогда не нужно спешить, иначе в спешке можно не заметить опасность и потерять жизнь.

б. Какая пословица вам нравится больше всего? Почему?

в. Придумайте небольшой рассказ с использованием одной из пословиц.

Совет! Вы можете попросить студентов вспомнить китайские эквиваленты данных пословиц, например: 宁静致远 .

СЛУШАЙТЕ И ГОВОРИТЕ!

 **Прослушайте диалоги и выберите правильный вариант ответа.**

——————— Диалог 1 ———————

— Извините, пожалуйста, где здесь станция метро?

— Здесь недалеко две станции. Какая станция Вам нужна?

— Ближайшая станция. Я очень спешу.

— Тогда идите прямо, в конце улицы поверните направо. Там будет небольшой парк, рядом с парком станция метро.

— Простите, Вы не могли бы повторить ещё раз медленнее? Я иностранец, плохо понимаю.

— Да, конечно. Идите прямо до конца улицы, в конце улицы поверните направо, перейдите дорогу. Там будет небольшой парк. Рядом с парком станция метро.

— Теперь понял. Спасибо большое!

— Пожалуйста.

———————— Диалог 2 ————————

— Простите, Вы не могли бы подсказать мне, как попасть на площадь Ленина?

— О, это немного далеко отсюда.

— Далеко?

— Да. Если пойдёте пешком, то Вам нужно минут 40.

— Да, это далеко.

— Вы можете доехать на автобусе.

— А какой автобус идёт туда?

— 86 или 125.

— А где здесь остановка автобуса?

— Я как раз иду на остановку. Пойдёмте вместе, я покажу.

— Спасибо большое!

———————— Диалог 3 ————————

— Будьте добры, подскажите, пожалуйста, как добраться до центра города.

— Извините, ничем не могу помочь, я сам не местный, не знаю.

— Ничего. Всё равно спасибо!

...

— Простите, вы не скажете, как доехать до центра города?

— Вам нужен 53, 7 или 49 автобус.

— А долго ехать?

— Один, два, три... 5 остановок. Потом ещё нужно идти пешком. Там спросите, куда идти.

— Поняла. Спасибо!

— Не за что!

Ключи к заданиям

1) Б   2) А   3) Г   4) В   5) А   6) Б   7) В

> **Совет!** Обратите внимание студентов на то, как произносят номера автобусов: не каждую цифру, как в Китае, а дву- и трёхзначные числа: восемьдесят шесть, сто двадцать пять, пятьдесят три, семь, сорок девять. И в сочетаниях со словом «автобус» употребляется порядковое числительное: восемьдесят шестой автобус, сорок девятый автобус, и т.д.
> Вы можете прослушать диалоги ещё раз и повторить каждую фразу (в парах, в группах, все вместе).

9 **Прослушайте текст и ответьте на вопросы.**

В российских городах есть разные виды транспорта. Если однажды вы будете в России и поедете на одном из них, вам нужно выучить несколько полезных фраз, которые помогут вам чувствовать себя свободно и уверенно.

Итак, во всех видах транспорта надо платить за проезд, поэтому вы можете спросить: «Сколько стоит проезд?» или: «Сколько за проезд?».

В автобусе часто бывает очень много людей. Если вы стоите далеко от выхода, а вам скоро нужно выходить, вы должны спросить: «Вы выходите на следующей остановке?», или: «Вы выходите на следующей?», или: «На следующей выходите?».

В маршрутке вам нужна следующая фраза: «Передайте, пожалуйста». Это значит: *передайте деньги за проезд, пожалуйста*; потому что маршрутка очень маленькая и вы не можете по ней ходить. Маршрутка останавливается не на каждой остановке, а только там, где люди просят водителя остановиться. Поэтому запомните фразу: «На остановке, пожалуйста». Это значит: *остановите на остановке, пожалуйста*.

Если вы едете на такси, то сначала должны сказать, куда вам нужно ехать, например, в университет, на Красную площадь, в центр. В конце поездки надо спросить: «Сколько с меня?» Это значит: *сколько денег вы возьмёте с меня за проезд?*

Ключи к заданиям

1) Вы можете спросить: «Сколько стоит проезд?» или: «Сколько за проезд?»

2) «Вы выходите на следующей остановке?» или «Вы выходите на следующей?» или «На следующей выходите?», потому что в автобусе может быть много людей, а вы можете стоять далеко от выхода, вам

нужно пройти к выходу.

3) Фразу «Передайте, пожалуйста» мы используем в маршрутке.

4) Она значит «Передайте деньги за проезд, пожалуйста».

5) Потому что маршрутка останавливается не на каждой остановке, а только там, где люди просят водителя остановиться.

6) В такси обязательно нужно сказать, куда вам нужно ехать.

7) В конце поездки нужно спросить: «Сколько с меня?».

8) Нужно выучить эти фразы, чтобы чувствовать себя свободно и уверенно, если однажды мы поедем в Россию.

Совет! **Дополнительные задания:**
1) Вы можете попросить студентов пересказать этот текст.
2) Вы можете спросить у студентов, какие виды транспорта есть в Китае, есть ли в Китае маршрутка, какой вид транспорта им нравится больше всего и почему.

🎧 Прослушайте текст и перескажите его, используя опорные слова.

Если мы ищем какое-нибудь место в городе, то мы можем спросить у прохожих, где оно находится: «Простите! Скажите, пожалуйста, как мне пройти…» — или посмотреть на карту города. Но сегодня мы редко покупаем карту, а часто используем телефон.

Сейчас стали популярными телефонные карты, поэтому нам легче обратиться к телефону. «Ок, Baidu, как мне доехать до…». Baidu-карта — это одна из самых популярных телефонных карт в Китае. В России обычно используют Yandex-карту или Google-карту.

Но здесь есть проблема. Для работы этих карт нужен Интернет. На улице у нас может возникнуть проблема с Интернетом или телефоном. В таком случае нам нужно будет обратиться за помощью к прохожим людям.

Совет! Если вашим студентам данный текст кажется трудным, можно показать его на экране компьютера и читать вместе с аудиозаписью, работая ная произношением. К тексту можно составить вопросы или пересказать его.

🎧 **Прослушайте вопрос и обсудите его в группе.**

> Ответ: Павел слева, со светлыми волосами; Гена справа, с тёмными волосами.

«Где находится нофелет?» — это название очень известного фильма в России. В фильме рассказывается о двух братьях — Павле и Гене. Гена — весёлый и смелый, а Павел — спокойный и скромный. Гена женат, а Павел нет, но он очень хочет жениться. Чтобы найти девушку для Павла, Гена придумывает фразу: «Где находится нофелет?». Как вы думаете, что значит эта фраза? Как Гена и Павел будут её использовать?

Нофелет — это слово «телефон», прочитанное с конца. В то время, когда снимался фильм, по всему городу стояли телефоны-автоматы, поэтому по методу Гены, спросив у прохожей девушки, где можно найти будку с телефоном, можно было заодно познакомиться с ней. Гена очень хочет помочь Павлу найти свою любовь и жениться, поэтому именно с этой фразой они идут по улице в поисках подходящей девушки.

⑫ **Составьте собственные диалоги по данной теме.**

Представьте, что один из вас — житель города, а другой приехал в этот город впервые и не знает, где что находится.

⑬ **а. Посмотрите на картинку и опишите её.**

б. Составьте диалоги по этой картинке.

14 **Посмотрите на картинку и составьте небольшой рассказ.**

Совет! Чтобы составить рассказ, сначала вы можете записать опорные слова на доске.

Примерные опорные слова: город, улица, люди, искать, спросить, ответить, идти, добраться, находиться.

СМОТРИТЕ!

15 **а. Обратите внимание на новые слова и словосочетания, которые встретятся в видеофильме «Приключения».**

Совет! Обратите внимание студентов на то, что Санкт-Петербург — это город, который расположен на островах. Но не существует ясности в том, сколько всего островов располагается в Санкт-Петербурге. Даже официальные источники дают разную информацию. Будем считать, что в среднем их примерно 35. Одним из самых больших островов является Васильевский остров.

6. Посмотрите первую часть видеофильма и словами «да» или «нет» ответьте, соответствуют ли содержанию данные фразы.

<h2 style="text-align:center">Приключения</h2>

Катя: Макс, Ю Ли, привет!

Ю Ли: Привет, Катя!

Макс: Привет!

Катя: Ну, как вы сходили в гости? Как дела?

Ю Ли: О, это было настоящее приключение!

Катя: Почему? Мои фразы вам не помогли?

Макс: Нет-нет, очень помогли! В гостях всё было замечательно!

Ю Ли: Приключения начались по дороге в гости!

Катя: Очень хочу узнать, что случилось!

Макс: Сейчас мы тебе всё расскажем.

Катя: Хорошо, теперь я буду слушать вас очень внимательно!

Ю Ли: Друг живёт очень далеко от нашего общежития. Из общежития в университет мы ходим пешком, а когда мы гуляем, то обычно ездим на метро, потому что в метро всё понятно.

Макс: Да. Мы редко пользуемся другим транспортом.

Катя: Ваш друг не объяснил вам, как доехать до его дома?

Ю Ли: Объяснил. Сначала надо было ехать на автобусе, а потом пересесть на маршрутку.

Макс: В автобусе всё понятно, говорят, какая сейчас остановка.

Ю Ли: Да, но это был вечер, все люди ехали с работы, поэтому в автобусе было очень-очень много людей.

Макс: Мы стояли далеко от выхода и не знали, что сказать и как пройти к выходу, поэтому мы проехали нашу остановку.

Катя: О-о-о, ну ведь это так просто, надо было спрашивать у людей: вы выходите на следующей остановке?

Ю Ли: Да, но мы не знали эту фразу.

Макс: Потом мы пересели на маршрутку, чтобы доехать до нашей остановки.

Ю Ли: Но в маршрутке не объявляют, какая сейчас остановка. И мы не знали, что нужно говорить самим, где остановиться, поэтому мы опять проехали нашу остановку.

Катя: Да, надо говорить: на остановке, пожалуйста!

Макс: Мы этого не знали!

Ю Ли: Мы уже немного опаздывали, и я предложил взять такси. В Китае легко взять на улице такси, но я совершенно забыл, что в России не так.

Макс: Да, там не было ни одного такси.

Катя: В России, если вам нужно такси, надо звонить по телефону.

Катя: Тогда мы стали спрашивать у людей, как пройти на улицу Андреева, это было немного далеко.

Макс: И вот мы, наконец, пришли! Нашли дом нашего друга, но дверь открыл совсем незнакомый человек!

Катя: Как?!

Ю Ли: Представляешь, наш друг живёт в Андреевском переулке, а мы пришли на улицу Андреева!

Катя: О, ужас!

Макс: Да, ужас, ужас! Но к счастью, улица и переулок находятся недалеко друг от друга.

Ю Ли: Мы опоздали, но семья нашего друга — очень добрые люди, они только по смеялись над нашей историей.

Катя: На самом деле, история действительно смешная.

Макс: Да, только тогда нам было не смешно.

Ю Ли: И когда в конце вечера они предложили проводить нас, мы с радостью согласились!

Катя: Вот это настоящие приключения иностранцев в России!

Ключи к заданиям

1) Нет	2) Нет	3) Да	4) Нет	5) Нет	6) Нет
7) Да	8) Да	9) Да	10) Нет	11) Нет	12) Нет
13) Да	14) Нет	15) Да			

 Совет! Дополнительным заданием может стать объяснение отрицательных ответов (нет).

в. Посмотрите вторую часть видеофильма и запишите вопросы, которые задавали ребята, и ответы, которые давали мужчина и женщина.

Макс:	Скажите, пожалуйста, который час.
Мужчина:	Сейчас без двадцати четыре.
Ю Ли:	Сколько сейчас времени?
Мужчина:	Без двадцати четыре.
Макс:	Скажите, пожалуйста, какое сегодня число.
Мужчина:	Сегодня 26-ое.
Ю Ли:	Скажите, пожалуйста, какой сегодня день.
Мужчина:	Пятница.
Макс:	Скажите, пожалуйста, какой сегодня месяц.
Мужчина:	Июнь.
Ю Ли:	Извините, скажите, где находится университет.
Мужчина:	Одно из зданий университета находится напротив. Здесь расположен факультет искусств.
Макс:	Спасибо! Будьте добры, вы не скажете, где находится библиотека?
Мужчина:	Библиотека Льва Николаевича Толстого находится слева, напротив.
Ю Ли:	Извините, вы не подскажете, где находится общежитие?
Мужчина:	Одно из общежитий находится на 8-ой линии, дом 77.
Ю Ли:	Спасибо!
Макс:	Спасибо!
Макс:	Вы не подскажете мне, где находится метро?
Женщина:	Станция метро совсем рядом. Пройдите, пожалуйста, прямо и налево. Станция метро — «Василеостровская».
Ю Ли:	Извините, как попасть в центр?
Женщина:	Для того чтобы попасть в центр, вам нужно проехать одну остановку на метро: станция метро «Василеостровская» — станция метро «Гостиный двор». Пройдите прямо, поверните налево, и вы найдёте метро.
Макс:	Будьте добры, скажите, как добраться до музея «Кунсткамера»?
Женщина:	Музей «Кунсткамера» находится на Васильевском острове. Пройдите, пожалуйста, прямо, направо, по набережной.
Макс:	Спасибо!
Ю Ли:	Извините, как попасть в театр?

Женщина: Театр на Васильевском острове совсем рядом. Пройдите, пожалуйста, прямо, налево и перейдите дорогу. Театр будет прямо перед вами.

Макс: Подскажите, пожалуйста, где найти аптеку.

Женщина: Для того, чтобы попасть в аптеку, пройдите, пожалуйста, прямо, налево и перейдите дорогу.

Макс и Ю Ли: Спасибо!

Совет! Обратите особое внимание студентов на названия: библиотека им. Л.Н. Толстого, станции метро «Василеостровская» и «Гостиный двор», музей «Кунсткамера», Васильевский остров.

Совет! Вы должны объяснить студентам, почему мужчина отвечает «...на 8-ой линии...». Линия — это ещё один из типов улиц. Улицы-линии существуют во многих городах России, а также в Латвии, Финляндии, Беларуси и некоторых других странах. В Санкт-Петербурге основное количество линий находится на Васильевском острове. Линии чаще всего пронумерованы, то есть имеют в своём названии порядковый номер (на Васильевском острове — с 1-ой по 29-ю), но есть и линии со словесными, а не числовыми обозначениями (например, Биржевая и Менделеевская линии). Линии обычно расположены параллельно друг другу.

г. Посмотрите две части видеофильма ещё раз и скажите:

1) Макс и Ю Ли редко пользуются транспортом, потому что из общежития в университет они ходят пешком, а если они гуляют, то обычно ездят на метро, потому что в метро всё понятно.

2) Нужно спрашивать: «Вы выходите на следующей остановке?»

3) В маршрутке нужно говорить: «На остановке, пожалуйста!», потому что маршрутка не останавливается на всех остановках.

4) Если вы хотите поехать на такси, надо звонить по телефону.

5) Переулок меньше, чем улица. Переулок обычно соединяет две улицы. Линии – это улицы, которые расположены параллельно друг другу.

д. Обсудите в группе.

е. Посмотрите видеофильм ещё раз и обратите внимание на следующие слова и выражения, которые часто употребляются в разговорной речи.

1) — Мои фразы вам не помогли?

— Нет-нет, очень помогли!

2) — И вот мы, наконец, пришли!

3) — Представляешь, наш друг живёт в Андреевском переулке, а мы пришли на улицу Андреева!

— О, ужас!

16 Посмотрите видеофильм ещё раз и составьте пересказ его сюжета:

— в форме диалогов от первого лица;

— в форме текста от третьего лица.

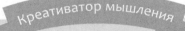
Креативатор мышления

17 Разделитесь на группы и запишите собственные небольшие видеоролики (мини-истории) или аудиозаписи (диалоги, тексты) на тему «В городе». Придумайте задания к ним или составьте вопросы. Затем прослушайте их в группе и выполните задания.

ПРОВЕРЬТЕ СЕБЯ!

18 Прослушайте вопросы и напишите ответы.

1) Вы любите ходить пешком?

2) Какие виды транспорта есть в вашем городе?

3) Какой вид транспорта вам нравится больше всего?

4) У вас есть велосипед?

5) Может быть, у вас есть машина?

6) На чём вы ездите домой?

7) Вы когда-нибудь летали на самолёте?

8) Где находится ваш университет?

9) Как вы добираетесь до университета?

10) Каждый день на занятия вы ходите пешком или ездите на транспорте?

11) Как попасть в центр вашего города?

12) На каком автобусе можно доехать до центра?

13) Сколько стоит билет на автобус в вашем городе?

14) На какой улице вы живёте?

15) Какое место в городе вам нравится больше всего?

16) Если вы в незнакомом месте, как вы узнаёте дорогу?

17) Вы часто используете телефонные карты?

18) Если вам надо спросить дорогу у прохожих, что вы говорите?

19) Какая фраза вам нужна в автобусе или метро?

20) Какая фраза вам нужна в такси?

🎧 ⓳ Прослушайте текст и напишите диктант.

Если вы студент, живёте в нашем общежитии и хотите пойти гулять в центр города, то это далеко от общежития. Сначала вам нужно идти до конца улицы, потом перейти на другую сторону и повернуть налево. Здесь находится остановка автобуса. На автобусе надо ехать пять остановок, а потом пересесть на метро. Станция метро находится за углом. Поверните направо и идите прямо. На метро надо ехать семь остановок, потом надо ещё идти пешком вперёд до перекрёстка. Там вы увидите большую площадь. Это и есть центр города. Если вы не хотите добираться до центра так долго, вы можете взять такси. Это удобно и быстро, но дорого.

ПОИГРАЕМ!

⓴ Игра «Где что?».

Играют команды или пары.

1) Вы показываете студентам картинку, на которой нарисована улица / город. Они внимательно смотрят на картинку, запоминают расположение зданий и улиц. На это дается одна минута, затем вы закрываете картинку. Студенты должны вспомнить все части улицы / города и сказать, что где находится.

2) Вы кладёте на стол разные предметы (книгу, тетрадь, ручку, карандаш, телефон, ключи…). Студенты закрывают глаза. Вы передвигаете один из предметов. Студенты открывают глаза и пытаются понять, какой предмет передвинут.

> Вспомните всё, что вы учили, слушали, видели по этой теме, и попытайтесь рассказать это друг другу по-русски.

УРОК 8

АЛЛО! Я ВАС СЛУШАЮ!

СЛУШАЙТЕ И ЧИТАЙТЕ!

 а. Слушайте слова по теме, одновременно читайте и повторяйте их.

| **Совет!** | Обратите внимание студентов на разницу между словами «телефон», «смартфон», «мобильный телефон», а также на многозначность слова «звонок». |

Дополнительное задание: попросите студентов устно или письменно составить примеры с каждым новым словом. Этот вариант также может стать домашним заданием.

б. Для каждого глагола назовите вторую форму — НСВ или СВ.

звонить — позвонить

перезванивать — перезвонить

записывать — записать

набирать — набрать

брать — взять

класть — положить

отключать — отключить

в. Для каждого существительного назовите вторую форму — множественного числа.

телефон — телефоны

смартфон — смартфоны

мобильный телефон — мобильные телефоны

стационарный телефон — стационарные телефоны

телефон-автомат — телефоны-автоматы

звонок — звонки

связь — не имеет множественного числа

номер — номера

код — коды

оператор мобильной связи — операторы мобильной связи

сим-карта — сим-карты

смс — не имеет множественного числа

текстовое сообщение — текстовые сообщения

голосовое сообщение — голосовые сообщения

мессенджер — мессенджеры

СЛУШАЙТЕ И ПИШИТЕ!

 а. Прослушайте выражения, запишите их.

Алло!	Извините, я ошибся.
Да!	Простите, я ошиблась.
Слушаю!	Факультет русского языка. Здравствуйте!
Простите, с кем я говорю?	
Это Макс.	Занято.
Да, это я.	Не отвечает.
Вы не туда попали.	Я плохо слышу.
Вы ошиблись.	Я сейчас перезвоню.

б. Объясните значение всех выражений, которые вы записали. Скажите, когда они употребляются.

Совет! Обратите внимание студентов на следующие моменты: 1) в отличие от китайского языка, представляясь по телефону, по-русски не говорят: «Я Макс», а используют конструкцию «это + *кто?*», например, «Это Макс»; 2) в учреждениях и организациях, отвечая на телефонный звонок, обычно говорят не «Алло!», а название своего учреждения.

в. Прослушайте выражения ещё раз, одновременно читайте и повторяйте их.

Совет! После прослушивания вы можете разыграть небольшие диалоги с этими выражениями.

❸ Прослушайте диалоги и вставьте пропущенные слова.

——————— Диалог 1 ———————

— Алло!

— Привет, Саша! Это Игорь.

— А, Игорь, здравствуй!

— У меня есть одно дело к тебе. Я могу зайти сегодня вечером?

— Да, конечно, заходи!

— Хорошо, тогда до вечера!

— До вечера!

—————— Диалог 2 ——————

— Да!

— Коля?

— Нет, вы ошиблись, это не Коля.

— Простите!

— Ничего страшного!

—————— Диалог 3 ——————

— Факультет русского языка. Здравствуйте!

— Здравствуйте! Могла бы я поговорить с деканом факультета?

— Извините, её сейчас нет. Перезвоните позже.

— Спасибо! До свидания!

— До свидания!

4 a. Прослушайте текст и запишите главную информацию.

    В России есть разные операторы мобильной связи, но самыми большими компаниями являются Мегафон, МТС и Билайн. Телефонный код России — 7. Если вы звоните на российский номер мобильного телефона из-за границы, вы должны набрать +7. Если вы находитесь в России, можно набрать +7 или 8. Затем идёт код оператора мобильной связи. Например, 920, 921, 950, 900, 908, 999. А уже потом идёт сам номер мобильного телефона, который состоит из семи цифр, например, 399-67-31. Таким образом, номер мобильного телефона читается так: +7-921-399-67-31 или 8-921-399-67-31.

Российские операторы мобильной связи → Мегафон, МТС, Билайн
Международный телефонный код России → +7

Код по России → +7 или 8

Коды операторов мобильной связи → 920, 921, 950, 900, 908, 999

Номер мобильного телефона → 399-67-31

б. Ответьте на вопросы.

Совет! Обратите ещё раз внимание студентов на то, как произносят номера телефонов в России: не каждую цифру, а дву- и трёхзначными числами.

 а. Прослушайте номера телефонов и запишите их.

1) +7-920-186-17-59
2) 8-900-906-98-26
3) +7-950-678-41-23
4) 8-908-503-32-77
5) 8-999-234-65-95

б. Назовите свой номер мобильного телефона по-русски, ваши одногруппники запишут его.

6 а. Прослушайте текст и запишите номера телефонов экстренных служб в таблицу.

Каждый человек обязательно должен знать номера телефонов экстренных служб. Если перед нами опасность, нет времени искать номер, надо звонить. В России четыре экстренные службы: пожарная служба, полиция, скорая помощь и газовая служба. Телефон пожарной службы — 101, полиции — 102, скорой помощи — 103, газовой службы — 104. А с 2013 года в России работает единый номер службы спасения — 112. По этому номеру можно вызвать любую экстренную службу. Звонить можно со стационарного или мобильного телефона. Звонок бесплатный.

Служба	Номер телефона в России
Пожарная служба	101
Полиция	102

Служба	Номер телефона в России
Скорая помощь	103
Газовая служба	104
Служба спасения	112

б. Вы знаете номера экстренных служб Китая?

7 а. Прослушайте выражения и попытайтесь их записать. Затем объясните их значение.

1) положить деньги на телефон = пополнить баланс телефонного номера, положить деньги на счёт телефонного номера, 话费充值
2) батарея садится = аккумулятор телефона разряжается, 电量不足
3) зарядить телефон = пополнить электроэнергией аккумулятор телефона, 手机充电

б. Приведите собственные примеры с этими выражениями.

Примеры: сегодня я положил 300 рублей на телефон; у меня заканчиваются деньги на телефоне, мне нужно положить 100 рублей на телефон; батарея на моём телефоне садится, мне нужно срочно зарядить телефон; извините, можно у вас зарядить телефон? и так далее.

Совет! Вы можете попросить студентов добавить другие слова и выражения, связанные с телефоном, если они знают их.

СЛУШАЙТЕ И ГОВОРИТЕ!

8 Прослушайте диалоги и выберите правильный вариант ответа.

——— Диалог 1 ———

— Добро пожаловать в «Мегафон»!

— Здравствуйте!

— Чем я могу вам помочь?

— Мне нужна сим-карта.

— Ваш паспорт, пожалуйста.

— Пожалуйста.

— Выберите номер телефона.

— Вот этот, пожалуйста.

— Итак, ежемесячно у вас 700 бесплатных минут, 200 смс, 5 Гб Интернета.

— А сколько платить ежемесячно?

— 300 рублей.

— Спасибо!

— Пожалуйста! Приходите ещё!

———————— Диалог 2 ————————

— Алло!

— Алина, привет! Не узнала?

— Нет, не узнала.

— Ну что ты! Это Андрей Романов.

— А, Андрей! У тебя новый номер?

— Да.

— А почему?

— Я вчера вернулся из-за границы и купил новую сим-карту.

— Хорошо, я запишу твой новый номер. Сколько ты будешь в России?

— Месяц.

— Мы так давно не виделись. Мы обязательно должны встретиться.

— Да, поэтому я тебе и звоню. Когда ты свободна?

— В пятницу вечером.

— Отлично!

— Давай в семь.

— Хорошо! А где?

— Давай как обычно у памятника Пушкину.

— Давай! В пятницу в семь у памятника Пушкину.

— Всё правильно! До встречи!

— Пока!

——— Диалог 3 ———

— Алло!

— Привет!

— Привет, пап!

— Когда ты придёшь?

— Что-что?

— Я спрашиваю: когда придёшь?

— Пап, я в метро, плохо тебя слышу, подожди, сейчас перезвоню.

　　...

— Алло!

— Пап, что ты говорил?

— Я спросил: когда будешь дома?

— Я уже выхожу из метро.

— Тебя ждать на ужин?

— Да, подождите, пожалуйста. Я буду минут через пятнадцать.

— Хорошо, это недолго.

— Скоро буду.

Ключи к заданиям

1) Б   2) В   3) Г   4) В   5) Б   6) Г   7) А   8) В   9) А   10) Б

Совет! Вы можете прослушать диалоги ещё раз и повторить каждую фразу (в парах, в группах, все вместе).

---

9 **Прослушайте текст и ответьте на вопросы.**

Сегодня мы не так часто звоним по телефону и почти не пишем смс-сообщения. Мы чаще пользуемся мессенджерами. Это приложения, в которых мы можем отправлять текстовые и голосовые сообщения, а также звонить с помощью аудио- и видеосвязи. Кроме этого, мы можем отправлять там фотографии, видео и файлы.

Сегодня мы предпочитаем не звонить, а писать или отправлять голосовые сообщения: «Привет! Как дела? / Привет! Что делаешь? / Привет! Можно я тебе позвоню?» Самые популярные мессенджеры в России — это ВКонтакте, WhatsApp, Viber и Telegram.

Чтобы позвонить по телефону, нужно иметь достаточно денег или бесплатных минут. Но мессенджерами можно пользоваться практически бесплатно, особенно если есть Wi-Fi.

---

1) Свободный ответ.
2) Мы чаще пользуемся мессенджерами.
3) Мессенджеры — это приложения, в которых мы можем отправлять текстовые и голосовые сообщения, а также звонить с помощью аудио- и видеосвязи, отправлять фотографии, видео и файлы.
4) Чтобы позвонить по телефону, нужно иметь достаточно денег или бесплатных минут, но мессенджерами можно пользоваться практически бесплатно, особенно если есть Wi-Fi.
5) Самые популярные мессенджеры в России — это ВКонтакте, WhatsApp, Viber и Telegram.

Совет! Дополнительные задания:
1) Вы можете попросить студентов пересказать этот текст.
2) Вы можете спросить у студентов, часто ли они звонят именно по телефону и пишут смс-сообщения, какие мессенджеры популярны в Китае, есть ли у них в общежитии Wi-Fi.

⑩ Прослушайте текст и перескажите его, используя опорные слова.

Сегодня почти у каждого человека есть мобильный телефон. Даже бабушки и дедушки умеют пользоваться смартфоном. В современном мире мобильный телефон удобен и необходим. Но не все люди пользуются мобильным телефоном правильно. Например, многие студенты и школьники не слушают преподавателя, а играют в телефоне, отвечают на сообщения, читают в Интернете. Это мешает учёбе. Многие люди громко разговаривают по телефону на улице, в метро, в автобусе, в ресторане. Это мешает другим. А на уроке, на спектакле, на концерте или в библиотеке мы иногда вдруг слышим громкую музыку звонка. Поэтому в театре, в кино, в музее, в библиотеке, в больнице мы часто можем услышать или увидеть объявление: «Просим вас отключить мобильные телефоны!».

Совет! После пересказа можно показать этот текст на экране компьютера и читать его вместе с аудиозаписью, работая произношением. К тексту можно составить вопросы.

⑪ Прослушайте предложение и обсудите его в группе.

Если вы помните время, когда телефоны были только дома, значит, вы уже не молодой человек.

Вы согласны с этой фразой? Почему?

Эта фраза имеет следующий смысл: когда-то не существовало мобильных телефонов, большие проводные телефоны могли стоять только в квартире; современное поколение молодых людей не знает этого времени, но его помнят их бабушки и дедушки, родители, то есть те, кто сегодня уже не так молод.

⑫ Составьте собственные диалоги.

1) Вы звоните своим родителям или друзьям, чтобы спросить, как они поживают и что у них нового.

2) Вы звоните в университет, чтобы узнать, когда начнутся и закончатся каникулы.

⑬ а. Посмотрите на картинку и опишите её.

6. Составьте диалоги по этой картинке.

14 Посмотрите на картинку и составьте небольшой рассказ.

Совет! Чтобы составить рассказ, сначала вы можете написать опорные слова на доске.

Примерные опорные слова: студенты, университет, спрашивать — спросить, записывать — записать, номер телефона, WeChat ID.

СМОТРИТЕ!

15 а. Обратите внимание на новые слова, которые встретятся в видеофильме «День звонков».

6. Посмотрите первую часть видеофильма и словами «да» или «нет» ответьте, соответствуют ли содержанию данные фразы.

День звонков (1)

Ю Ли: Алло! ... Нет, меня это не интересует! До свидания!
Алло! ... Нет, это не Александр. Вы не туда попали. ... Ничего страш-

ного. До свидания!

Алло! ... Вы только что звонили! Это не Александр. Вы не туда попали.

Алло! ... Нет, мне не нужно это!!! ... Нет!!! О, эта реклама!!!

Алло!!! Это не Александр и меня не интересуют ваши предложения!!!

Макс: Ю Ли, всё в порядке? Это Макс.

Ю Ли: А, Макс. Прости! Просто телефон звонит без остановки!

Макс: Ха-ха-ха, понимаю. Мне тоже не нравится реклама. Ты у себя?

Ю Ли: Да.

Макс: Можно я зайду?

Ю Ли: Заходи, конечно!

(Стук в дверь)

Ю Ли: Да!

Макс: Привет!

Ю Ли: Привет!

Макс: Что ты делаешь?

Ю Ли: Я ищу стиральную машинку.

Макс: Стиральную машинку?

Ю Ли: Да, стиральную машину.

Макс: Зачем она тебе?

Ю Ли: Как зачем? Стирать одежду! В общежитии нет стиральной машины, а стирать одежду руками очень неудобно и долго.

Макс: И где ты её ищешь?

Ю Ли: На сайте Avito.ru.

Макс: Что это за сайт?

Ю Ли: Это сайт, на котором люди продают свои вещи. Иногда совсем новые, иногда б/у.

Макс: Но можно просто пойти в магазин и купить!

Ю Ли: В магазине дорого, мне не нужна дорогая, большая стиральная машина, ведь я в России только на один год. А вещи б/у намного дешевле. Катя посоветовала мне этот сайт. Он очень популярен в России.

Макс: Слушай, а это хорошая идея! Я тоже устал стирать вещи руками! Давай купим машинку напополам и будем пользоваться ей вместе!

Ю Ли: Давай! Так будет ещё дешевле! Вот, смотри, я нашёл небольшую машинку. Надо позвонить. Так, говори мне номер, я буду набирать.

Макс: 8-909-782-14-56

Женщина: Алло!

Ю Ли: Здравствуйте! Я звоню по объявлению насчёт стиральной машины.

Женщина: Здравствуйте!

Ю Ли: Я правильно понял, это машина-автомат?

Женщина: Да, всё правильно, машина-автомат.

Ю Ли: А сколько лет машине?

Женщина: Ой, кажется, ей 3 года.

Ю Ли: Сколько?

Женщина: 3 года.

Ю Ли: 3 года. Она очень большая?

Женщина: Нет, она среднего размера, даже маленькая.

Ю Ли: Маленькая, замечательно, мне подходит.

Женщина: А вы бы хотели, может быть, её посмотреть?

Ю Ли: Да, я буду рад посмотреть машинку. Когда вам удобно?

Женщина: Ой, ну, наверное в этот четверг, часа в четыре. Можете?

Ю Ли: Хорошо, давайте в этот четверг в четыре часа.

Женщина: Да, давайте!

Ю Ли: Договорились! Буду ждать ваш адрес.

Женщина: Хорошо, я скину вам тогда СМС на этот номер.

Ю Ли: До свидания!

Ну вот, в четверг поедем смотреть машинку. И если нам всё понравится, сразу купим!

Макс: Договорились! А ты уже заказал столик?

Ю Ли: Столик?

Макс: Да, столик в ресторане. Ты же обещал пригласить меня и Катю в китайский ресторан, чтобы мы попробовали китайские блюда.

Ю Ли: Ой, совсем забыл! Сейчас позвоню.

Официантка: Ресторан «Москва-Пекин». Здравствуйте!

Ю Ли: Здравствуйте! Я хотел бы заказать столик на пятницу.

Официантка: На сколько человек?

Ю Ли: На троих.

Официантка: А на какое время?

Ю Ли: На семь часов вечера.

Официантка: Какой столик вы бы хотели?

Ю Ли: У окна, если можно.

Официантка: Да, есть один небольшой столик у окна. Скажите, пожалуйста, ваше имя.

Ю Ли: Ю Ли.

Официантка: Хорошо. Столик у окна на троих на имя Ю Ли. Будем ждать вас в пятницу в семь часов.

Ю Ли: Большое спасибо! До свидания!

Официантка: До свидания!

Макс: Спасибо, Ю Ли! С нетерпением жду пятницы!

Ключи к заданиям

1) Да	2) Нет	3) Нет	4) Да	5) Нет	6) Нет
7) Нет	8) Да	9) Да	10) Нет	11) Да	12) Да
13) Нет	14) Да	15) Нет			

Совет! Дополнительным заданием может стать объяснение отрицательных ответов (нет).

в. Посмотрите вторую и третью части видеофильма и ответьте на вопросы.

День звонков (2)

Ю Ли: Я ещё должен позвонить Кате. *(Звонит)* Хм, не отвечает.
Макс: Попробуй ещё раз.

Ю Ли: Здравствуйте... Я хотел бы поговорить с Катей... Извините, я ошибся. До свидания.

Макс: Что случилось?

Ю Ли: Странно! Ответил какой-то мужчина и сказал, что я не туда попал.

Макс: А у тебя какой номер?

Ю Ли: Щас (сейчас). 8-921-399-67-31.

Макс: Так это её старый номер. Теперь у неё новый. Записывай: 8-929-135-46-78.

Ю Ли: Спасибо! Я не знал.

Катя: Алло!

Ю Ли: Катя, привет! Это Ю Ли.

Катя: Привет, Ю Ли!

Ю Ли: Как дела?

Катя: Хорошо. А у тебя?

Ю Ли: Спасибо, у меня тоже всё хорошо. Я звоню тебе, потому что у меня есть небольшая просьба. Ты бы могла помочь мне позвонить в авиакомпанию?

Катя: А что случилось?

Ю Ли: Мне надо поменять билет на самолёт. Дело в том, что я купил билет на каникулы в Китай, а сейчас у меня появилось одно важное дело и я должен уехать позже. Понимаешь?

Катя: Да, понимаю. Конечно, помогу тебе. Когда ты хочешь позвонить?

Ю Ли: Когда ты свободна.

Катя: Ты сегодня будешь в университете?

Ю Ли: Да, буду.

Катя: Когда?

Ю Ли: После 12.

Катя: Хорошо. Я буду свободна в три часа, тогда давай встретимся у входа и позвоним. Удобно?

Ю Ли: Да, прекрасно! Спасибо! Тогда до встречи!

Катя: До встречи!

*　*　*

Катя: Привет!

Ю Ли: Привет! Смотри, вот здесь я всё написал. Я волнуюсь звонить сам. Это серьёзный вопрос, вдруг я ничего не пойму.

Катя: Нет проблем, сейчас решим твой вопрос. (*Читает*) Ага, всё поняла. Компания «Аэрофлот». Звоню. 8-800-200-33-77. Здравствуйте! Мы хотим поменять билеты. Номер билета 17062803. ... Имя Ю Ли. ... Номер паспорта 13255582601. ... Мы хотим поменять билет на 25 января. ... Да. ... Я сейчас спрошу. (*Спрашивает, не кладя трубку.*) Ты должен доплатить 2000 рублей.

Ю Ли: Хорошо, я согласен.

Катя: Да, давайте! Спасибо! До свидания! Они отправят тебе новый билет на имейл (электронную почту).

Ю Ли: Катя, большое спасибо! Ты мне очень помогла!

Катя: Не за что! Рада тебе помочь!

Ключи к заданиям

1) Ю Ли ошибся номером, потому что он набрал старый номер Кати, а у неё сейчас новый номер.

2) Ю Ли позвонил Кате, чтобы она помогла ему поменять билет на самолёт. Он уже купил билет на каникулы в Китай, но у него появилось одно важное дело и он должен уехать позже.

3) Они встретились в три часа у входа в университет.

4) Катя позвонила в авиакомпанию «Аэрофлот».

5) Чтобы получить новый билет, Ю Ли должен доплатить 2000 рублей.

г. Посмотрите две части видеофильма ещё раз и объясните.

1) Avito.ru — это сайт, на котором люди продают свои вещи, поэтому там можно купить б/у вещи.

2) Б/у вещи — это вещи, которые уже использовались другими людьми.

3) «Аэрофлот» — это российская авиакомпания.

д. Обсудите в группе.

е. Посмотрите видеофильм ещё раз и обратите внимание на следующие слова и выражения, которые часто употребляются в разговорной речи.

1) Ты у себя?

2) Зачем она тебе? — Как зачем? Стирать одежду!

3) Что это за сайт?

4) Слушай, а это хорошая идея!

5) Давай купим машинку напополам и будем пользоваться ей вместе!

6) — Ну вот, в четверг поедем смотреть машинку. И если нам всё понравится, сразу купим!
   — Договорились!

7) Хорошо, я скину вам тогда СМС на этот номер.

8) Ой, я совсем забыл! Сейчас позвоню.

9) Спасибо, Ю Ли! С нетерпением жду пятницы!

10) Я волнуюсь звонить сам. Это серьёзный вопрос, вдруг я ничего не пойму.

11) Нет проблем, сейчас решим твой вопрос.

12) Минутку, я спрошу.

13) — Катя, большое спасибо! Ты мне очень помогла!

— Не за что! Рада тебе помочь!

16 Посмотрите видеофильм ещё раз и составьте пересказ его сюжета:

— в форме диалогов от первого лица;

— в форме текста от третьего лица.

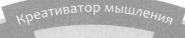

17 Разделитесь на группы и запишите собственные небольшие видеоролики или аудиозаписи (диалоги, тексты) на тему «Телефон». Придумайте задания к ним или составьте вопросы. Затем прослушайте их в группе и выполните задания.

ПРОВЕРЬТЕ СЕБЯ!

18 Прослушайте вопросы и напишите ответы.

1) У вас дома ещё есть стационарный телефон?

2) Как часто вы звоните по телефону?

3) Кому вы обычно звоните?

4) Как долго вы разговариваете с этими людьми?

5) Как часто вы звоните родителям?

6) Когда вы пользуетесь видеосвязью?

7) Что мы говорим, когда берём трубку?

8) Что мы говорим, если человек ошибся номером?

9) Каких российских операторов мобильной связи вы знаете?

10) Какой международный телефонный код у России?

11) Какие экстренные службы вы знаете?

12) Вы когда-нибудь звонили в эти службы?

13) Какой номер у службы спасения в России?

14) Вы пользуетесь мессенджерами?

15) Какие мессенджеры популярны в России?

16) Что мы можем делать с помощью мессенджеров?

17) В каких местах лучше не пользоваться телефоном?

18) Какое объявление можно часто увидеть или услышать в театре или в библиотеке?

19) Вам нравится реклама по телефону?

20) Что можно заказать по телефону?

⑲ Прослушайте текст и напишите диктант.

В понедельник я позвонил родителям и спросил, как у них дела. Во вторник я написал сообщения друзьям, чтобы пригласить их в ресторан. Они все согласились. В среду я позвонил в ресторан и заказал столик на пятерых. В четверг я отправил друзьям голосовые сообщения, чтобы сказать, где и когда мы встретимся. В пятницу я позвонил в «Скорую помощь», потому что мой сосед чувствовал себя плохо. В субботу я разговаривал с родителями по видеосвязи. А в воскресенье я никому не звонил и не писал, я сидел в Интернете, я отдыхал.

ПОИГРАЕМ!

⑳ Игра «Позвони мне!».

Разделите студентов на пары. В каждой паре один студент остаётся в аудитории, а другой выходит в коридор. Они должны позвонить друг другу и обсудить последние новости. Вы также можете договориться с русскими студентами, которые учатся в вашем университете, о том, что ваши студенты позвонят им во время вашего занятия.

> Вспомните всё, что вы учили, слушали, видели по этой теме, и попытайтесь рассказать это друг другу по-русски.

ЗАКЛЮЧИТЕЛЬ-
НАЯ ИГРА

«НАШИ ТЕМЫ»

Разделите студентов на несколько команд. Для игры подготовьте карточки с названиями тем, которые вы изучали в этом учебнике. Одна команда должна взять карточку и попытаться назвать как можно больше слов из этой темы за три минуты. В это время другие команды внимательно считают количество правильно названных слов. Побеждает та команда, которая назовёт как можно больше слов на выбранную тему.

Совет!

1) Заранее подготовьте и вырежьте карточки с названиями тем.
2) Количество команд должно быть чётным (две, четыре, шесть, восемь), поскольку у нас чётное количество тем.
3) Вы можете сами решить, сколько времени даёте на ответ (не обязательно три минуты).
4) Обратите внимание на то, что называемые слова должны быть максимально приближены к теме. Например, семья — папа, мама, ребёнок, жениться, дом и т.д.; учёба — студент, университет, библиотека, домашнее задание, преподаватель и т.д.
5) Вы также можете попросить каждую команду ещё раз взять по одной карточке и придумать небольшую сценку на эту тему.

Давайте познакомимся!
Моя семья
Моя учёба
Время
Мой день
В гостях
Где находится?
Алло! Я вас слушаю!